発達に偏りのある子の
トラブルを減らす

自己理解イラスト教材

「くまくんのお話」から学ぼう！
自分の気持ちや感じ方

CD-ROM
付き

髙橋あつ子　石橋瑞穂　著

ほんの森出版

はじめに

本書でご紹介している、くまくんを主人公にしたいくつかのお話は、最初は一人の子どものためにつくった、オーダーメイドの教材でした（CDのなかにカラーで「くまくんのお話」として入っています）。

その子は、自分の抱えている発達の課題に自覚がありませんでした。ですから、発達の課題となっていることを直接話して聞かせても、よくわからないかもしれない、きっとイライラしてしまうだろうと予想がたちました。

そこで、くまくんというキャラクターを登場させ、くまくんが学習する様子を絵本にして見せようと思いつきました。「自分のことではなく、くまくんのことだよ」となれば、興味を持って見てくれるのではないか？　と思いました。

これまで、自分のこととなると、「わからない」「気づかない」のに、友だちのことになると、実によくわかっていたり、アドバイスができたりという子を何人も見てきました。ですから、困っているくまくんにも、何かよいアドバイスをしようと考えてくれると思ったのです。また、その過程で、本人も学べるのではないかと、思いました。

つくってみてから、この教材は、他の子どもたち（特に発達の問題がない子どもたち）にとっても、感情の扱い方や認知に役に立つのではないかと気づき、他の子どもたちにも見せるようになりました。

はじめは、小学校低学年向きのお話だと思っていましたが、高学年の子どもたちも興味を持って楽しんで学んでくれました。高学年には、間接的なだけでなく、より暗喩的な教材なのかもしれません。そして、絵本が大人にも愛読されるように、中学生にも高校生にも使える教材だと思います。くまくんの話を聞きながら、自分を重ね合わせて、言葉にしないまでも何か感じてくれていることと思います。

また、保護者にも、子どもがネガティヴな感情を身につけていく過程についてや、それを助けるかかわり方を知ってもらうのに役立つように、どのように声をかけると感情面の認知が進むのか、お手本になるようなセリフを意識しました。

かわいいくまくんと一緒に、気持ちについて考えてもらえるとうれしいなと思っています。

二〇一四年一二月

石橋　瑞穂

発達に偏りのある子の
トラブルを減らす

自己理解イラスト教材

contents

＊付録CD-ROMの内容は最終ページをご覧ください。

発達に偏りのある子どもの気持ちに寄り添うとは

発達に偏りのある子どもたちとは

発達に偏りのある子どもたちは、日常、いろいろな困難に出会います。偏りがあるということは、ある面では定型発達（年齢相応の発達をとげ、得意不得意の差も大きくない）の子どもと比べて、同等あるいは高い能力を持ち、またある面では年齢相応のことができないなど、その振る舞いが周囲に理解されにくいのです。

もちろん、平均的であることを前提にした対応を否定しているわけではありません。たとえばこんなふうに思うことは誰にでもあります。

「おしゃべりには困っていないのだから、作文も書けて当たり前」

「数学が得意なのだから、英語も努力すればできるはず」

「勉強ができるのだから、常識をわきまえるべき」

「自分の痛みを声高に言うのだから、相手の傷つきにも繊細であってほしい」と。

最初から偏りがあることがわからなくても、この平均的な対応をして、うまくいかないのであれば、偏りを想定して支援を開始すればいいのです。

なぜ気持ちが汲めないのか

いくつもの困難のなかで偏りのある子どもたちの多くが直面し、支援者が苦労するのは、人の「気持ちを察する」ことや、その結果、可能になる「気遣う」ことについてではないでしょうか。また、そもそも自分の気持ちを言えないことによってトラブルになってしまったり、もめごとのあと、支援する教師や保護者が気持ちを聞いても答えられないこともしばしば起こります。

気持ちをとらえる力は、家庭や学校で教えられて身につくというより、社会生活を送るなかで自然に育まれていくものです。このことも、偏りのある子どもたちには、二重の責めを負わせます。

感情への気づきや感情表現など、多くの子どもが自然に習得していくものは、自然に身につけるべき内容も、タイミングも、方法もわかりにくいため、偏りのある子どもたちには身につけにくいのです。

それは、目に見えないものはとらえにくいという特性や、場によって変化し、公式化しにくいものはとらえにくい傾向があるためです。当然のことながら、自分の気持ちも人の気持ちも見えません。また、同じ人でも場面によって変化します。同じ場面でも人によって異なる感情を抱きます。このように可視化や公式化がされにくいものなので、察して気遣うことや、場に応じて振る舞うことができにくい状況が起こるのです。

加えて、大人も教えられた経験がないので、伝え方、育み方がわかりません。それぱかりか、自然に身につけて当たり前と思うほど、「なぜ、こんなこともわからないのか」と嫌悪感や苛立ちを覚える人さえいます。

感情は育てるもの、寄り添うと言っても

この本は、支援する教師や保護者が、この扱いにくい感情をどう教えていくかについて考える材料を提供します。感情は、育てなければ育たないものです。まず、見えないものを見える形にし、自分のなかの感情をとらえ、人と比べて違う自分を見えやすくします。そして、他者の感情を推察する力を育んでいきます。これらを基盤にして、ようやく人とかかわるスキルの育成となるのです。

「寄り添う」とは、子どもの気持ちを汲み、それに共感するかかわりです。しかし、周囲からは受け入れにくい行動をとった子に、支援者が「そうしたかったんだよね」「怒ったから殴ったんだよね」と肯定できるでしょうか。

ここに、行為は指導し、感情を汲みとるかかわりが求められるのです。

「手が出ちゃったんだね。それは、よくないよね。それだけしんどかったんだね。次、どうできそう？」

「自分もやりたいって気持ちだったんだね。割り込んじゃったのはどう思う？」と。

しかし、他の子どもも見ているなかで指導することが多い教師は、気持ちを汲むよりも、行為の善悪を指導しやすい傾向があるのかもしれません。

仮に、共感性の高い教師でも、「やりたかったんだよね」と受容し続けていくことで、この子は成長するでしょうか。

多くの人は、受容されることによって、わかってもらえた安心感から心にゆとりが生まれ、本当にこれでよかったのだろうかと洞察を始めます。しかし、偏りのある子どもの場合、自分のとりうる行動選択は限られ、他の人だったらこう振る舞うかもしれない、周囲からはどう受け止められるだろうかなどと想像することが難しいのです。受容されることによって、逆に「確かに自分はやりたかったんだ。だから私は悪くない」と反芻しながら、確信を深めてしまう可能性があります。

「本当に悪くないのか」

「他の人でもこういうことはあるのか」「周囲に自分はどう映っているだろうか」という吟味ができる状況にない場合、洞察は深まりにくいでしょう。

感情に焦点を当てるかかわりにおいても、子どもの認知の偏りを考慮しないと、受容共感によって、支援者が意図していないのに、行動が容認されたと感じ、思い込みを強めてしまうことさえあるのです。

周囲の子どもたちの理解にも

また、偏りのある子どもたちへの支援ができても、その多くは集団場面です。したがって、周囲の子どもたちからは「どうして、同じようにできないの？」「どうして僕たちと違うお手伝いをするの？」という声が聞こえてきます。

それに応えるために、障害の説明をする必要を考える人もいるでしょう。でも、本当にそうでしょうか。

障害理解として扱うか、多様性をとらえる大事な機会とするかがわかれます。

子どもたちは、違いを理解したいのです。そして共生社会とは、多様な価値観を知り、それを受け入れていく過程で成熟していくものです。

食べ物の好き嫌いがあるように、見え方も感じ方も違う、その溝をどう埋めていくかを考えていける子どもたちを育てていく必要があるのです。

その説明の大きなヒントも込められています。

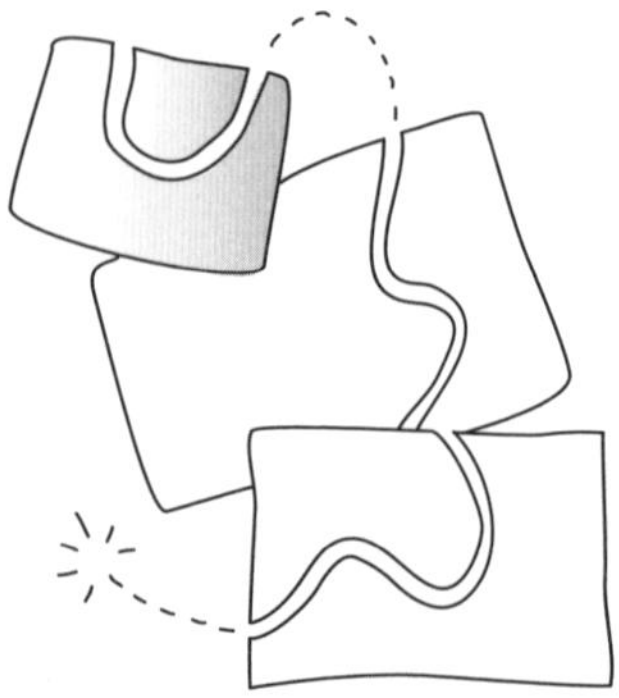

「くまくんのお話」の中学生・高校生への活用

「くまくんのお話」

「はじめに」でもお伝えしましたが、「くまくんのお話」は、はじめは一人の子のためにつくった教材です。その子は、自分の課題に自覚がありませんでした。だから、直接の課題となっていることを話して聞かせても、わからないだろうと思いました。しかも、「わからないこと」が苦手でした。だから、聞いてもわからない話をしたら、きっとイライラしてしまうだろうと予想がたちました

同じような課題を有する子どもにも、そのまま読むだけでなく、好きなキャラクターや、実際に経験したエピソード、その子の口癖などを入れ込んで語ってあげたくなるのではないでしょうか。

心に寄り添う支援の本質は、「そう感じているんだね」と共感し、「そう感じてしまう、そう考えてしまいがちなあなたがいるよね」と、本人が自分の傾向を引き受けやすく可視化することで、「もっとこんなふうに考えられるようになりたい」「こんなふうに生きられるといいなあ」と自分の進む道に光を見出す手伝いをすることだと思います。

すぐれた教材には力があります。しかし、それを読めばいいのではなく、そのような支援者の思いを、教材を介して子どもの気持ちにしみとおるように伝えていくことに意味があるのだと思えます。

では、目の前の子どもの心に届けるためには、支援者は「くまくんのお話」から、どのように応用していけばいいのでしょうか。

自分を見つめる力の発達

中高生と言っても、目の前の子どもがどのような局面で自分の心の状態を引き受けにくくなっているのかを見つめる必要があります。

「くまくんのお話」が生まれていった過程には、子どもが、まったく自分とは無関係なお話として聞いていることもあり、成長とともに自分に引き寄せられていく変化も学ぶことができました。

自分を客観視できることも成長の一つです。それを私は、外側から自分を映しているビデオカメラにたとえて、「性能がアップしてきたね」と子どもに伝えたりしています。

自分の視点から見て、人のことは目について指摘したり非難したりできても、同様のことを自分がしていても気がつかないこともあるものです。

ビデオカメラで言えば、最初は自分だけがアップになっているのかもしれません。次第に人に視野が広がりますが、利害関係があると一方向のとらえ方になりやすいものです。それでも人が映した映像を一緒に見るように、人と立ち止まって考える場を積むことで、冷静に自他のありようを認められるようになり、自ら撮影したかのように外から自分を見ようとし始めます。こうして、自他の比較ができるようになるのです。

中学生・高校生期

小学校高学年から中学、高校の時期、多くの子は、自他を比較し、劣等感を抱えることになります。また、周囲からの評価を気にし始め、自尊心が低下しやすくなります。仲間からの圧力（ピアプレッシャー）も高まり、ストレスも高まります。

この時期には、ネガティヴな感情を抱える力とそれを支える人との関係が威力を発揮します。自分の弱みを愚痴ることができ、それを人に聞いてもらうことで安堵することを経験します。そして、自分から見たら理想的な仲間でも、その子なりの弱点を抱えていることを知り、劣等感と戦っているのは自分だけではないことを知ります。このような信頼できる仲間同士の語り合いから、「ダメな自分」と思ってしまうときの自分への慰め方や、苦手な人との距離の取り方を学んでいくのです。

しかし、発達に偏りのある子どもは、友達関係を築くことが苦手だったり、関心ある領域のみの関係に限られたり、そもそも自分を見つめにくく、内面を言語化することも不得手だったりします。

それだけに、信頼できる大人（教師や保護者）の存在と、見つめやすくする教材の役割は大きいでしょう。

可視化の威力

「くまくんのお話」から、目の前の中・高校生に伝えたい内容があったでしょうか。

イラストには、ほんわか伝えたいことを子どもに届ける弾力のある強さがあります。それでも、自分を見つめる作業は誰にとっても難しいことです。そんなとき、自分と同一視しやすいキャラクターが使えれば、それも効果的です。

あこがれの人を求めて、時に同じような服装をし、同じような物言いをしたりする人もいるものです。「○○もこういう経験をしたそうだ」と生き方のモデルとして示したり、「○○から見たら、こう見えてほしい」として仮想の鏡に位置づけたりもできます。

また、自分を見つめる必要を感じている場合、可視化は写実的でなくても、対象化できれば威力を発揮します。

たとえば、もめごとは記号や棒人間と吹き出しだけでも可視化できます。それだけで事態を冷静に受け止め、見つめやすくなります。ただ事態をとらえることだけがねらいではありません。誰と誰がいて、そこで君はどう感じたのかを聞きたいのです。けれども、気持ちを尋ねてもせりふや意見、行動を答えて終わってしまうことも多いものです。目に見えたものはとらえやすく、気持ちより言語化しやすい思考、意見のほうが表現しやすいからです。

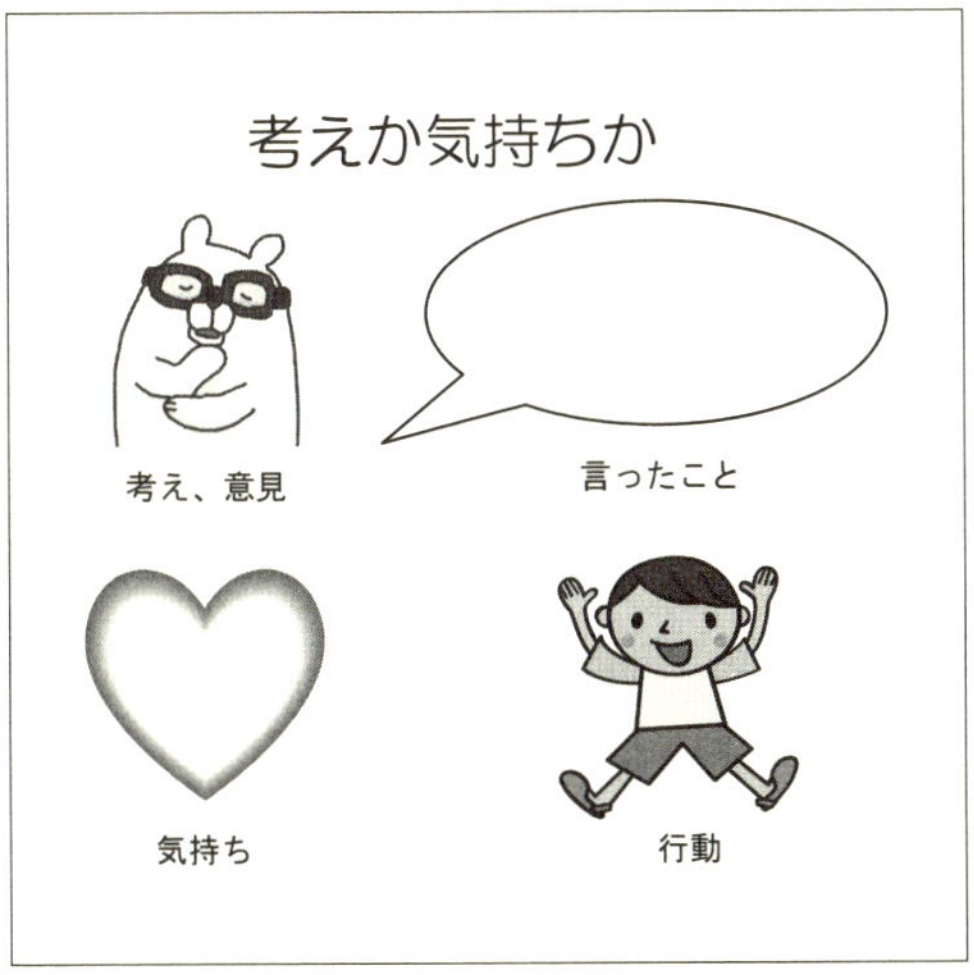

その場合も、【言ったこと】【考え、意見】【行動】【気持ち】に分けて、「そう言ったんだよね」「そう行動したんだね」「それは意見だよね」と伝えてくれたことの位置づけをポインティングし、「それを～していたとき、心のなかはどう感じていたのだろう」とハートを指差すことで、さらに考えやすくなったりします。
話をそらしたときも、「いま、気持ちを見つめることから遠ざかったよね」と言うと、ばつの悪い顔をしながら、認めやすくなります。ある中学生は、「気持ちをとらえるって難しい、すぐに意見に回路がつながっちゃうんだ」と自ら特性を認め、自動化されにくい気持ちを見つめる作業を重ねていきました。

特性を伝える可視化の例

つい大声を出してしまう子どもがいたとします。声のボリューム表を見せ、「いま5だから3の声に」という指導は、特別支援教育が進むに伴って、知られてきています。これも一般的なメモリをあてがって、自分をスケーリングしていく作業ですし、モニタリングが育ちます。

しかし、自分を見つめる力を育てるには、自分のものさしをつくる作業も有効です。こういうときにはこれくらいの声を使っていると、場面とボリュームを対比しながらつくっていくと、案外、普段意識する機会が少ないことに気づきます。

気持ちの温度計も同様です。どのよう

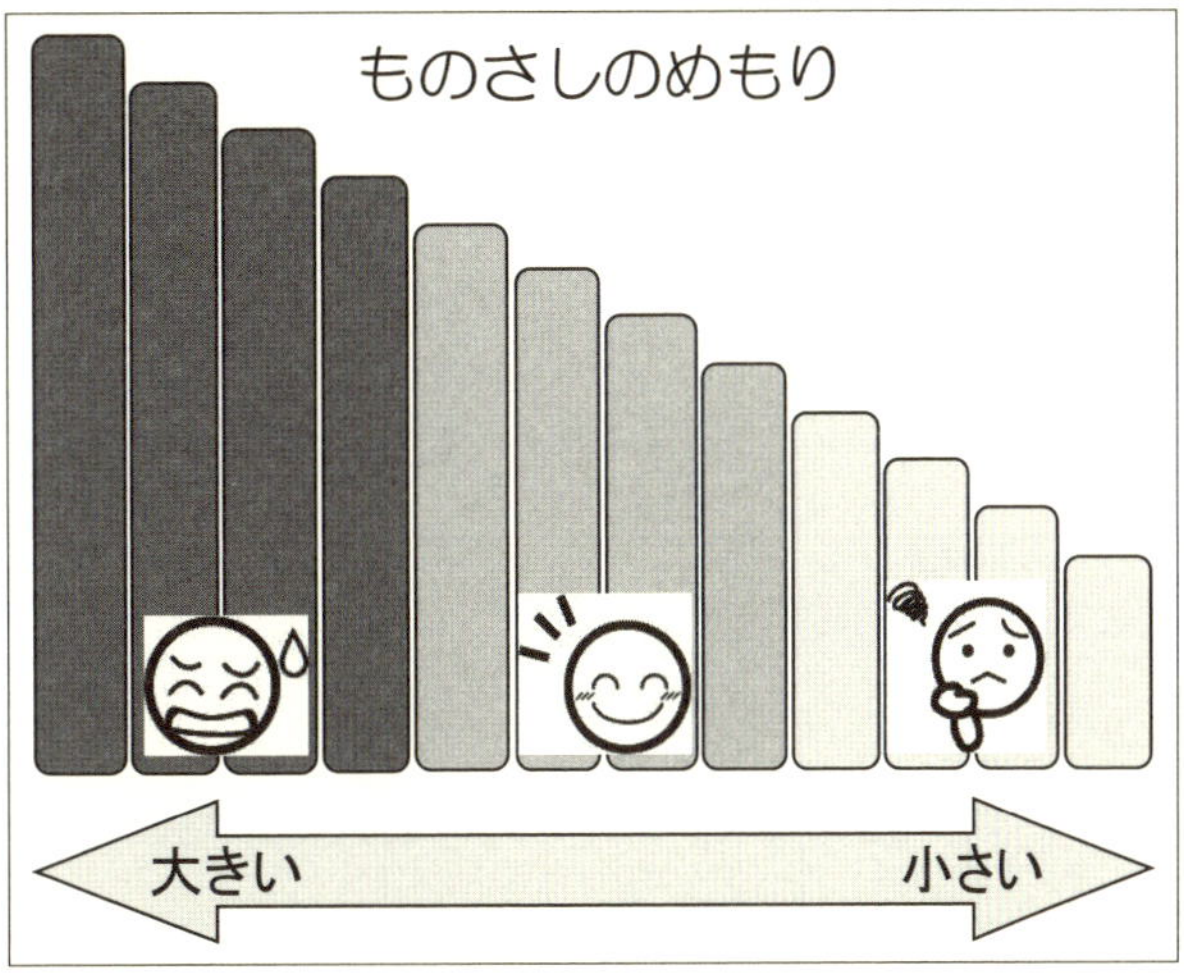

に感じていて、どういう言葉がついているのか、そしてその段階に合わせて、どんな対処スキルを使っているのかについても、可視化していきます。ゼロか大爆発かのパターンから、メモリが細かくなることが成長ととらえて、実生活で使っていきます。

反対にメモリが細やかな面もあります。「感覚過敏」です。過敏性のある子は、生まれたときからですので、みんな同じように感じていると思っている場合も少なくありません。ある当事者は、自伝のなかで「ジーンズのゴワゴワ感が痛いけれど、みんな我慢して履いているのだと思っていた」そうです。ですから、ここは周囲の大人が、彼らの生きづらさを聞き取り、感度のよさを可視化していく必要があります。

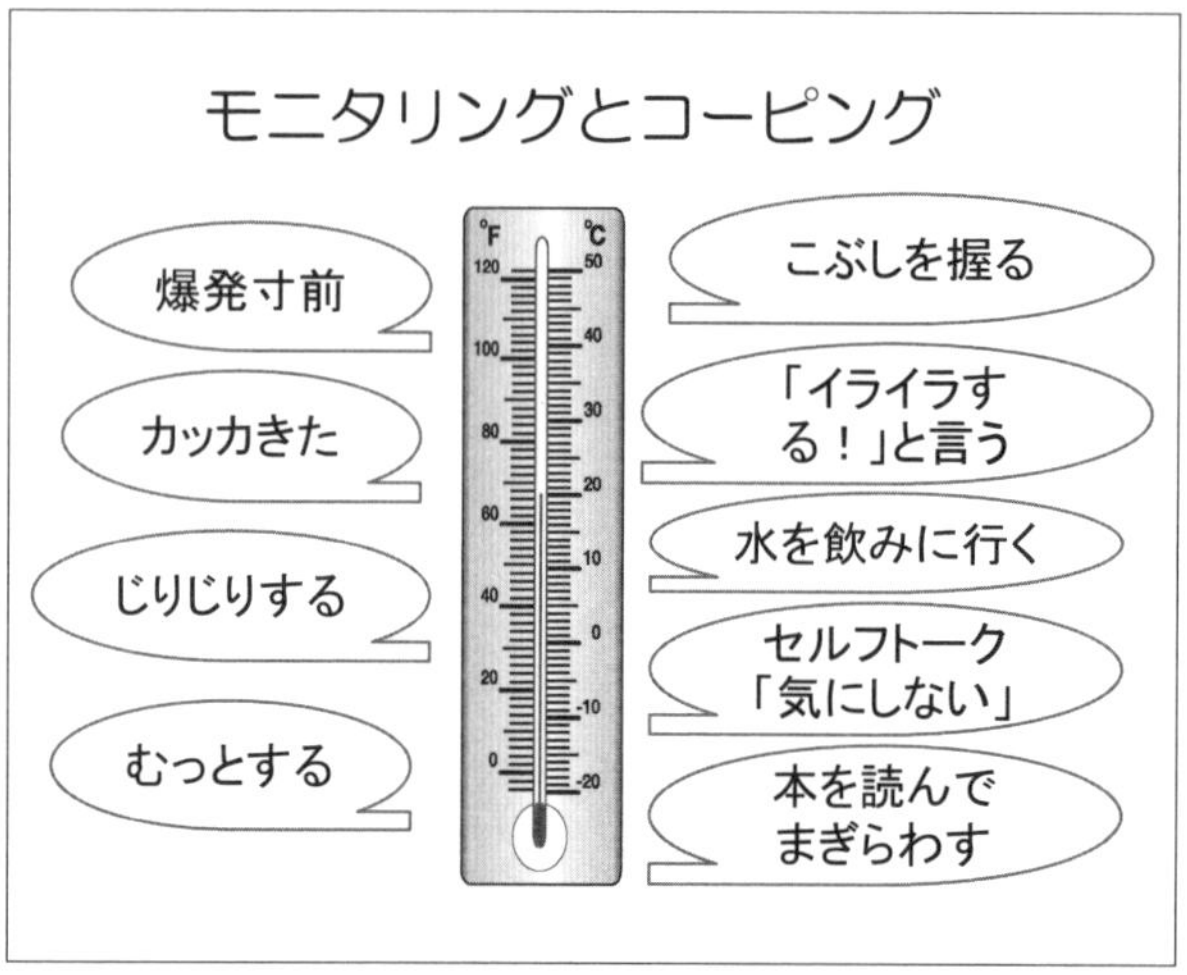

その際、つらさに共感し、どのようにしのいでいるかを聞き取り、しのぎやすさの相談をするとともに、感度のよさを活かせる場を探せるといいでしょう。

音に敏感という特性は、調律師や音響関係の仕事につくには重要な資質です。味覚に敏感でないと、調理の仕事はできません。匂いに敏感であれば、ソムリエになる道もあるかもしれません。

触覚過敏の特徴を活かすことで、肌着や寝具を選んだり、開発したり、いいものを選んで家族に喜ばれるかもしれないのです。

周囲への説明

「感覚過敏」は、周囲に理解されにくいので、わかりやすい例をあげて説明してあげることが大事です。

たとえば、触覚過敏。裸足で歩けない子を「清潔好き」だと解釈したり、人から触られただけでも「痛い！」と反応する子を被害的だと評したりする大人もいるのですから、周囲の子どもは、より理解しにくいかもしれないのです。

そこで、真っ赤に日焼けしたあと、誰かに触られたときのことを想像させます。それと同じくらいのヒヤヒヤ感が、一年三六五日、ずっと続いているのだと説明するのです。

聴覚過敏については、ある高校の先生が、お寺にあるような釣鐘のなかに自分が入って、外側から鐘を叩いて鳴らされたときの話をして、耳や頭がガンガンする感じ、それくらいの感度の耳を持っているので、休み時間のざわざわ感はつらいのだと説明しました。

感情の発達を支援するとは

定型発達の子どもたちにおいても

人間は、生まれ落ちて、主たる養育者に育てられる営みを通して、自分が大事に扱われる存在であることを感知します。最初は不快であることを泣くことで発信し、そこに養育者が駆けつけておむつを替え、ミルクをくれる、その体験を重ねて、自分が外界に与える影響を知っていきます。あやされるとうれしい感情が湧き、それを見た養育者も喜びを感じる、どちらが仕掛けたのか、仕掛けられたのかわからないくらい一体となって、声を出し、それに同調し、またそれを聞いて和していく。養育に疲れる時期に、外界に反応して笑うようになり、養育者は癒やされ、人見知り不安も乗り越えていきます。

養育者の視線の先を追い、相手と物を結びつけ、視線だけでも意図を伝えようとします。この共同注意の成立が、指さしや言語の獲得の基盤になります。外界探索の力もますますたくましくなり、歩き、話すようになり、養育者は子どもの体験に沿って見たもの、感じたことを読み取って「これが食べたいね」「おいしいね」「これもできたね」「うれしいね」と言葉を添えていきます。転んだときには「痛いね」「泣きたくなっちゃうね」、失敗してしまったときは「失敗しちゃったね」「くやしいね」、犬を見ても「かわいいね」「こわいね」と。こうやって対象がどういう名称（言葉）なのかを学んでいくわけですが、感情体験とその名称も取り込んでいきます。

しかし、自立が進むに伴って、大人は、「泣くんじゃない」「痛くない」「怒っちゃダメ」とほめられない場面ほど、行動の善悪に注目し、感情を代弁することが激減します。集団のなかで、葛藤を抱え、ネガティヴな感情体験が多くなるにもかかわらずにです。ですから、定型発達の子どもたちのなかでも、「どんな気持ちなの？」と聞いても、「別に」「微妙」で表現してしまったり、逆に「言いつけてやる」「許さない」という非難や威嚇になってしまう子もいます。

発達に偏りのある子どもの場合

もし、この乳幼児の時期から、触覚過敏で触られることが不快で、揺らされることが怖かったら、どういう体験となるでしょうか。アイコンタクトがとれず、見知った人の表情を覚えることも苦手で、その表情の法則性のない変化におびえる繊細さがあったら、この時期の養育者と子どもはどうしのいでいくのでしょう。

自閉症スペクトラム障害（ＡＳＤ）の子どもたちは、モノの認知に比べて、人の認知の発達がゆっくりです。目を合わせることに慣れにくく、表情の変化に鈍感です。自分のペースで遊ぶことを好むので、人と一緒に喜んだりがっかりしたりという感情の共有体験も乏しくなりがちです。むしろ、自分の快を妨げる他者となってしまうことすらあるでしょう。

保護者との間で、ポジティヴな感情体験も共有し代弁される機会が少ないとしたら、まして、他の大人からや、ネガティヴな感情体験では、言われても耳に入っていないかもしれないのです。

形にならないもの、変化し公式化されにくいものはとらえにくい子が多いので、感情はそのもっとも典型的な学びにくい対象なのです。

情動と社会性の教育（ＳＥＬ）

定型発達の子どもたちにも、感情を育てていく必要性から、研究実践されてきたのがＳＥＬ（social & emotional learning）です。

世界にはさまざまなＳＥＬプログラムがありますが、その前半の内容は、感情の理解から始まるものが多いようです。

渡辺（二〇一一年）は、「自分の気持ちに気づく」「他者の気持ちに気づく」「気持ちを調整する」「他者とうまくかかわる」という四領域をあげています。

よく大人が子どもに「人の気持ちがわからないの？」と聞きますが、わからない子どももいるのです。いえ、最初は誰も自分の気持ちからです。でも「自分の気持ちを言ってごらん」と促しても、中学生でも言えないことは珍しくありません。「別に」「微妙」で済ませてしまう中学生だけでなく、うれしい気持ちも困った状況も「やばい！」で一括してしまう青年もいます。人の気持ちに気づく前に、自分の気持ちをとらえて言語化できていなければ、人の気持ちを推察することはできないでしょう。筆者は、感情発達が未分化だと思われる子どもの場合、

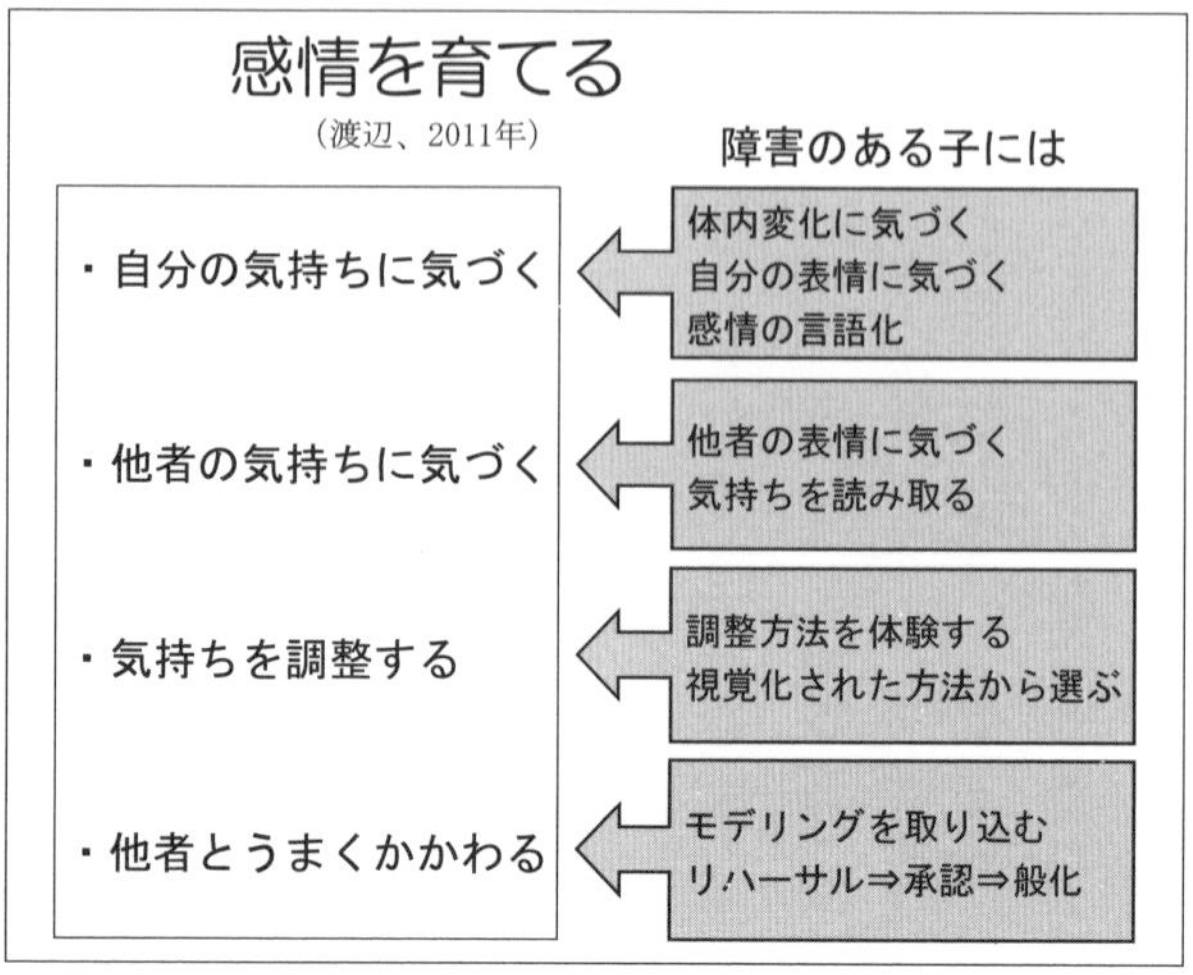
感情を育てる
（渡辺、2011年）
障害のある子には
・自分の気持ちに気づく
体内変化に気づく
自分の表情に気づく
感情の言語化
・他者の気持ちに気づく
他者の表情に気づく
気持ちを読み取る
・気持ちを調整する
調整方法を体験する
視覚化された方法から選ぶ
・他者とうまくかかわる
モデリングを取り込む
リハーサル⇒承認⇒般化

・体内変化に気づく

・自分の表情に気づく
・感情の言語化

等から支援していく必要があると考えています。意に沿わない事態になると、真っ白になる、固まる、パニックになる、キレる、そのような状態になる子どもは、処理できる容量を超えたときの対処スキルがないばかりか、超えるまでの高まるプロセスが急激すぎるので、途中の状況をとらえにくいのでしょう。興奮や怒りが急激に高まり、気づいたときには泣いていた、暴力をふるっていた等ということさえあります。じわじわとうごめき出す違和感や不安、焦燥などがつかめていたら、「嫌だなあ」「怖いなあ」「ドキドキしてきた」と言えるのですが、そういう暇がないのです。ですから、体内変化に気づくのは、支援する教師や保護者が、「いい感じではないよね」「そわそわしているように見えるよ」「不安なんじゃないの」と外側の鏡としてキャッチし、モニタリングを助けます。

表情の変化も本人はわかりません。「伏し目がちだけど、何かあった?」「目が泳いでいるよ」「口がギュッとしてる。しゃべりたくないって言ってるみたい」と読み取って表現してみます。

体内で起きている変動や、表情の変化を自分でキャッチし、感情へとつなげていきます。表情ポスターなどがあると、今の自分はこんな顔、こんな気持ちと選びやすくなります。

この時点で、まだ自力では感情表現が豊かにできていなければ、感情語彙が乏しいととらえ、それを支援します。外国で語彙が乏しければ文法を知っていても伝えたいことを伝えられません。体内で起きていることを表出できるようにするためにも、支援者が子どもの横で気持ちを読み取り「こういう気持ちなんだね」と代弁していくことは、共感される安堵と、モデリングの二重の意味があります。また、言いたいけど言葉が出ず、のど元まで出かかっているようなら「語彙リスト」や表情ポスターを示し、選べばいい状態にします。

このようにして、自分の気持ちをとらえて、表現できるようになったら、他者の気持ちに気づけるように支援していきます。

ここでも、直接、想像するのは難しいので、まず他者の表情に目を向けるよう促します。SELの教材には、写真やイラストで表情から感情を推測するものがあります。表情のどこに注目すればいいのか、口が開いている、口角が下がっている、目じりが下がっている、目が大きく見開いているなど、特徴をつかみ、そこから感情を読み取っていきます。

集団で行うと、一つの表情でもいくつもの意見が出ることを体験できますし、みんながふだんこのようにして他者に注目を向け、見えないものを読み取っていることを知っていきます。

偏りのある子どもは、言葉を巧みに使えていても、目で見た状況を理解するのが苦手な子もいるものです。ですから、いきなり生身の友人や生活している場面で行うより、まずはゲーム感覚で取り組めることから始めます。写真やイラストなら、読み取り方がわかると応用し始めます。コツをつかめば、言葉で説明するのは得意な子ほどのってきます。その後、教材で扱った「気持ち」について、「最近、同じような表情をしていた友だちに気づいたことはないですか？」と身の回りに視野を広げます。みんなが気づかないちょっとした表情の変化や、感情の推測をするようになったら、うれしいものです。

次は「気持ちを調整する」です。誰でも年を重ねれば、どっちつかずの気持ちに揺れ動くことは経験するものです。お母さんは好きだけど、朝、追い立てるときは大嫌いに始まり、友だちと遊びたい、でも玩具を借りるのはいいけど貸すのは嫌、喧嘩をして、謝るのは嫌だけど絶好も嫌、遊びたいけど、夜、宿題をやるのも億劫等々。このようなマルかバツかですまない複雑な感情に気づき、自分なりに折り合いをつける作業です。

読解教材で白か黒かつけられない複雑な心情を読み深めることとも関連します。幼いころは、ヒーローと悪役がいる勧善懲悪ものを喜びます。どっちつかずの煮え切らない登場人物や余韻を残すストーリーは収まりが悪いものです。しかし、次第に善人のなかの躊躇を批判するのではなく、ありうることと受け取り、悪人の背景に同情し、行為と生き方や気持ちを切り離してとらえられるようになります。そして、答えが一つでない気持ちや生き方を問う場で、複数の意見が寄せられても、それぞれの意見にうなずけるという経験を積んでいくのです。

そもそもこのような葛藤は、自分に対する気持ちも時系列で変わることがあること、同様に同じ場面でも人によって気持ちは異なること等が理解できてこそ、引き受けられるのでしょう。

発達に偏りのある子どものなかには、この葛藤を抱える力が弱いと思えることがあります。

少し前の感情体験が忘れ去られたように見えることがあります。興奮して人を攻撃したばかりなのに、ケロッとして戻ってきて何事もなかったかのように親しげに話しかける子がいます。さっき自分のことを自慢していたかと思ったら、間違いを指摘されて一気に自己卑下に陥る子もいます。

気持ちが変化したことを認め、ばつが悪いながらもそれらを抱えている子とは異なり、場面に依存し、感情が上書きされたかのようです。

このように相反する感情を抱えるというのは、簡単なことではなさそうです。それでも、気持ちの変化を他者の例でとらえ続けることによって、自分にも同様のことがないかを振り返ったり、信頼できる人から「さっきのあなたはこういう気持ち、今は違うよね」と促されて、変化した前後を見つめるようになっていきます。

自分のことだけを見つめていた時期には迷いなく自分は正しい、自分が好きだと感じていた子も、怒られる体験を重ね、自分はやっぱりダメな存在なのかもしれないと迷い出す、そんなときこそ、両方ともが自分であることを投げ出さずに引き受ける自我を支えていく必要があります。

友だちから注意を受けてきた体験も、最初は相手が意地悪だと思ってののしっていた子も、モニタリングが育つことによって、自分にも何か非があるのだろうかと探り出す時期を迎えます。行為を振り返るだけでなく、そういう自分をどう思うかと問い、多面的な自己像を引き受けられるよう支えながら、複雑な気持ちをとらえ、調整する力を育みたいものです。

白か黒か、勝ちか負けかに慣れてきた子どもにとって、この葛藤を抱えるというのは、なんともすっきりしないことでしょう。怒りは、相手を平伏させて収めていた子に、自分のなかで調整しろと言っても大変な難業です。ここのポイントは視覚化です。自分の感情とのつきあい方をイラストで示すのです。

筆者は、場面依存の子にも「さっきまでこんな気持ち」だったのに、紙芝居の絵がさっと入れ替わったかのように「今の気持ちが上にきて、さっきの気持ちはなかったかのようだね」とイラストとともに表現したりしています。本当は嫌なのに「別に」とごまかそうとしていると思えると、「心に蓋をして見ようとしていない」と蓋の絵を書き、ツボのなかに「～への怒り」「自分はそんなことでうろたえないというつっぱり」「自分を偽って普通どおりにするごまかし」等も書き込みます。

スケールだけでも効果があります。友だちはいなくていい、近づくといいときも、悪いときもある、友だちが欲しい等とメモリを入れていくのです。そして「君は今この辺を行ったり来たり？」と言うと、自分でメモリの名前を書き出したり、「今はこの辺」とスケーリングを変更したりしてきます。しんどいと思っている自分と、たいしたことないと打ち消そうとしている自分と、天秤で上下動しているという絵で納得した子もいます。

このような葛藤を認知できると対処行動も選びやすくなります。怒ったら、非を認めず、相手を打ち負かすことだけと信じている子どもも多いものです。ここでは、自分の扱いにくい感情との折り合いのつけ方ですが、我慢するか主張し続けるかだけではないことを示します。他に対処があり、もっとかっこいい（価値がある）対処もあることをイラストで示します。「ま、いっか」と自分をなだめる、「怒り続けるのは幼いぞ」と自己教示する、広い心でそう言われればそうかもしれないと自分の見方を修正できる、譲歩してみる等です。これらを可視化して、怒り負かすことにこだわる必要はない、もっといい収め方にトライしてみようと促すのです。

そして、いよいよ「他者とうまくかかわる」領域です。人とのかかわり方に課題のある子どもたちにソーシャルスキルトレーニングを行う機関が増えたことは喜ばしいことです。しかし、これを行う場合、他者が自分を見ている目に気づいているかや、他者とどうかかわっていきたいかの動機が育っているかを大事にしてほしいのです。

たとえば、ケンカが多ければ、仲直りの仕方を教えるかもしれません。しかし、その子は、相手の子も立腹していることに気づいているのでしょうか。そしてその子が仲直りしたいと感じているのでしょうか。翌朝になればゼロに戻れると思っている場面依存型であれば、何をしないでも明日、いつもどおりの友だち関係がリセットされると思っているかもしれません。

もちろん、教えられたスキルはその場では練習しても、必要な場面で活用するかは別のことかもしれません。人との間で使われる技能や、社会的な技能は、当然のことながら、相手に不快な思いをさせず、いいお付き合いをしたいという情から動くものであってこそのものです。

技能を育てる基盤には、これまで見てきた自他の感情に気づき、複雑な感情を抱える力の発達を促すかかわりが必要なのです。

複雑な心情、それも相手がいるのですから、リアルなもめごとから入るより、これまでの気づきを活かしながら、最初は対象化しやすい教材を使ったエクササイズからのほうがいいでしょう。たとえば、「こんなことがあったら、あなたはどうしますか？」というお題をカードにしておきます。

「運動会で一位になれると思っていたら、転んでしまった」「水泳の時間なのに、お腹が痛い」「レストランで楽しみにしていた食事が出てきたら髪の毛が入っていた」等です。これらに対し、すぐに対処を聞くのではなく、スキル履行の基盤を確かめます。

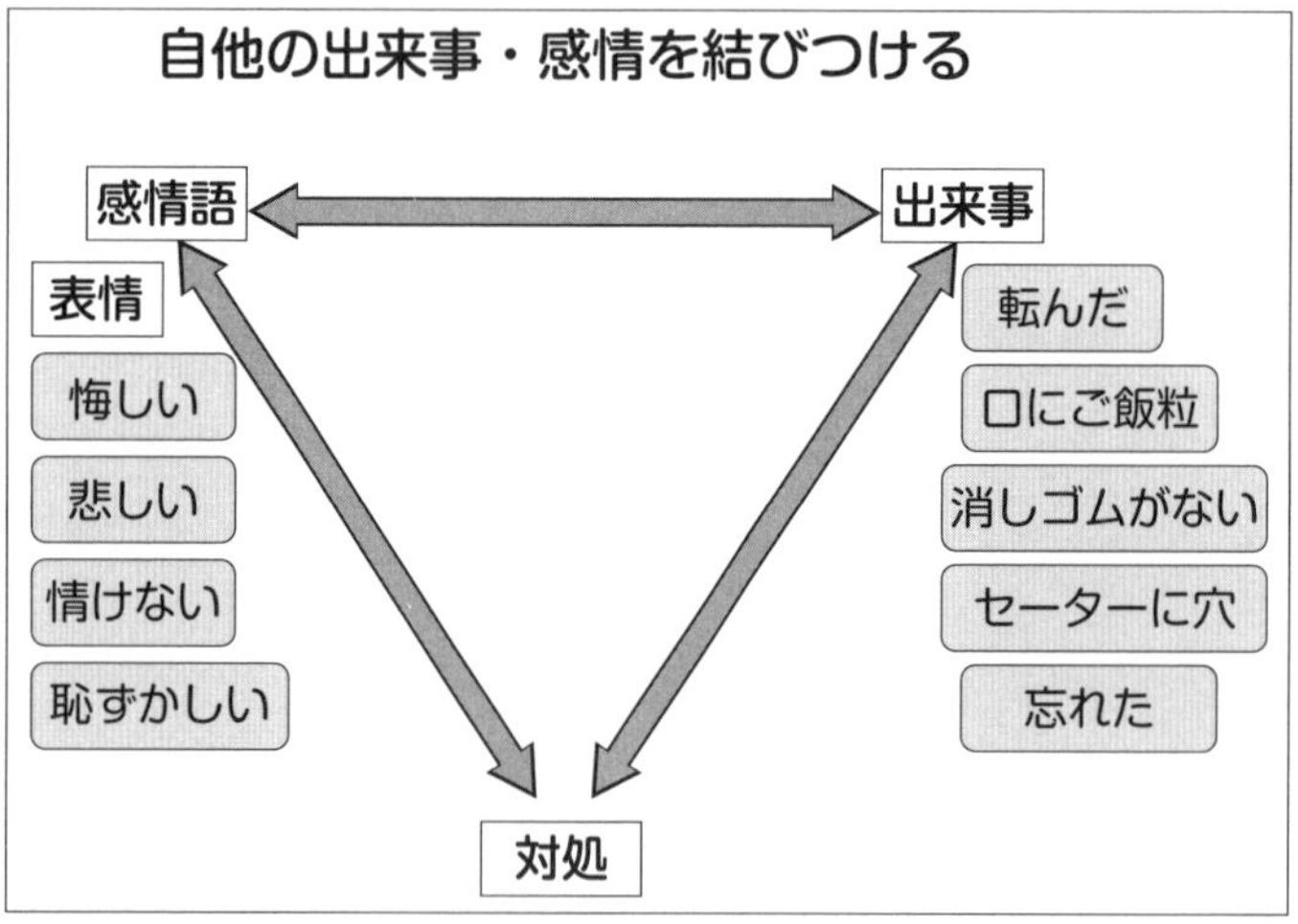

「この場面でこの人はどういう気持ちだと思う？」（他者の気持ちに気づく）

「自分だったら、どういう気持ち？」と聞き、表情も演じてもらいます（自分の気持ちに気づく）。

そして、「それが友だちで自分がそばにいたら、どうしてあげられるか？」という問いに発展させていきます。

グループの場でも自分の感情を思い起こして表現できるようであれば、さらに次のようにしてもいいでしょう。

感情を表す単語カードを用意し、グループ内で、その感情を体験した最近の出来事を話します。メンバーは、「それは大変だったね」と共感し、この感情を起こした表情を想像したり、自分だったらどうするか、友人だったらどうかかわるかを話します。

ケンカやもめごとの感情体験も、仲間から多様な意見をもらえれば、それらをイラストやキーワードにして並べます。自分がやっていた対処よりも、かっこいい（価値がある）対処があることを知ると、挑戦しようと思うでしょう。相手の言い分を聞く、相手の見方を認める、そう言われればそうかもしれないと自分の言い分を修正できる、解決策を言う、譲歩できる等などです。

　これらを可視化して、怒り負かすことにこだわる必要はない、もっといい行動にトライしてみようと促すのです。

お話教材

　もめごとを起こしやすい子どもの側に寄り添う支援、それも気持ちを育て、表現し、対処する力を育てる道筋は、人が成長していく一歩一歩の素晴らしさを噛み締められる過程だと思います。

　誰でも自分を見つめるのは苦手です。まして、ネガティヴな側面を認めてしまうと全部を否定されるに等しいと思いやすい子には難しいものです。ですから対象化してとらえやすくする必要があります。それも、最初から自分を直撃するのではなく、強い認知力を使いながら、徐々に自分の姿を見出しやすくしていくのです。

　次に続く「くまくんのお話」では、実際の子どもの姿をしっかりと見つめながら、その子が気づいてほしいことを親しみやすいお話に映し出し、子どもとともに考え合った教師の工夫と、その登場人物への見方を通して、自分を見つけ、自分を育てていく子どもの成長の足跡を見ていきます。

参考文献

イライアス他（小泉令三訳）『社会性と感情の教育—教育者のためのガイドライン39』一九九九年、北大路書房
小泉令三『社会性と情動の学習（SEL-8S）の導入と実践』二〇一〇年、ミネルヴァ書房
小泉令三・山田洋平『社会性と情動の学習（SEL-8S）の進め方—小学校編』二〇一一年、ミネルヴァ書房
日本こどものための委員会『キレない子どもを育てるセカンドステップ』二〇〇六年、NPO法人日本こどものための委員会
渡辺弥生『子どもの感情表現ワークブック』二〇一一年、明石書店

くまくんのお話　その1の1

ネガティヴな感情を上手に表出できない子のためのお話

くまくんのふうせんの話　1

嫌なことを我慢し続けて爆発してしまうと……

ネガティヴな感情は、我慢することがよいことだと思っている子がいます。

ネガティヴな感情は、感情自体が悪いわけではなく、感情を認識して、どう対処するかが大事です。嫌だったり、腹が立ったり、悲しかったりといったネガティヴな感情を受け入れ、どう自分のなかで折り合いをつけていくかを身につけることが、感情のコントロールにつながります。

でも、その子が育つ環境のなかで、嫌なこと、腹の立つこと、悲しいことを適切に表出する方法を学べない、学びにくいことがあるのではないかと思います。そのため、ネガティヴな感情そのものを否定してしまい、我慢することがよいことと思い込んでしまうことがあるのではないでしょうか。

嫌なことがあったとき、子どもが大泣きしたり大騒ぎしたりすると、周りの人は困惑します。泣きやませようとして、「泣かないの！」と、まずは行為をおさめようとしたり、「嫌なことがあるのはあたりまえ」だと理論で説得しようとしたりします。

そういうことが重なって、子どもはネガティヴな感情を押し込めて、我慢したり隠したりするようになるのだと思います。

この教材をつくるきっかけになった小学校低学年のAくんは、「嫌なことがあるとキレる」「負けが受け入れられなくて、負けるとキレる」とのことでした。

でも、普段は落ち着いていて負けの受け入れもできていました。学校では嫌なことがあると、すねてしまうことはあっても、キレて大きな声を出したり、泣き叫んだりすることはありませんでした。

なぜか、お母さんと一緒のときにかぎって、ほんのちょっとの嫌なことで大パニックを起こし、大泣きするとのことでした。キレてしまうときの状況を聞いてみると、キレてしまう前に、嫌なこと、苦手なことを我慢する出来事が重なっていることがわかりました。

嫌な気持ち、悔しい気持ち、悲しい気

持ちなどネガティヴな気持ちを上手に表出することを知らないため、ただただ我慢し続けて嫌な気持ちを押し込めているようでした。結果、我慢し切れずに、ほんのちょっとの嫌なことで爆発してしまい、これまで我慢し続けたものを一気に発散してしまうのかもしれないと思いました。

しかも、我慢してため続けた怒りや嫌な気持ちを、安心できるお母さんの前で、発散してしまうのではないかと思われました。

Aくんに「嫌なことがあったときはどうする？」と聞いてみると、「我慢する」と、得意げな表情で話していました。嫌なことがあっても、黙って耐えるのが立派な行為だと思っているようでした。

だから、自分がキレてしまったときのことを、思い出したくない恥ずかしいこととらえていて、キレたときのことや、そのとき「何が嫌だったのか？」を話すことができませんでした。

ネガティヴな感情を我慢することをいいことだと信じている子に、その感情を適切に表出する方法をどうやって教えればいいのか悩みましたが、まずは、自分がキレてしまうからくりを教えてあげたいと思いました。本人がパニックを起こした自分を振り返るのはつらそうだったので、直接的に教えるよりも、少し間接的に教えたいと思いました。そこで、「くまくん」というキャラクターを使って、我慢しすぎてキレてしまう状況や、心のなかで何が起きているのか、嫌な気持ちが解消されずに心にたまっていく様子を教えることにしました。

友だちとのかかわりのなかで傷ついたこと、自分のうまくできないことに向き合うときのつらい気持ち、苦手な負けの受け入れなど、生活のなかでありそうな状況を取り上げました。

その際のネガティヴな気持ちを視覚化するために、心をふうせんにたとえて、ふうせんのなかにネガティヴな気持ち（ちくちく虫として）がたまっていく様子が見えるようにしました。ネガティヴな気持ちが自分のなかにたまっていく様子を、子どもが客観的に振り返る手立てになればいいなと思いました。

指導後……

いろいろな嫌なこと、悔しいこと、悲しいことを、くまくんが我慢し続ける様子を、「自分のことだとわかるかな？」と思いながら、イラストにして見せました。途中で、

「くまくんは、どんな気持ちかな？」
「この虫は何だと思う？」
「ふうせんはどうなっている？」

など質問しながら読んでいきました。

くまくんの気持ちをAくんは、すべて「嫌な気持ち」と答えています。ネガティヴな感情が未分化なのか、感情を表す語彙がないのか、怒りも、悔しさも、悲しさもすべてごちゃまぜになっていて、自覚できていないと思われました。

また、ふうせんのなかの虫が、Aくんの気持ちを抽象化していることに、Aくんは、あまり気づいていませんでした。単なる虫と思ったようです。ですから、気持ちを受け止める心の容量をふうせん

に見立てていることも深くは意識できていませんでした。

そのため、自分のこととはまったく思わない様子で、くまくんがパニックを起こしているのを見て、「くまくんは、もっと我慢すればよかったのに」と言っていました。でも、嫌なことがたび重なって我慢し続けていると、パニックを起こしてキレてしまうことはつながってとらえられたようでした。

「くまくんは、嫌なことがいっぱいあって、たいへんだった」

と言っていました。

Aくんは、抽象化した気持ちの表現が、抽象的なままの理解だったので、自分がキレてしまうときと重ね合わせてとらえることはありませんでした。

この教材は、Aくんのためにつくった教材でしたが、その後、同じようにネガティヴな感情の適切な表出の仕方がわからずに、大パニックを起こしてキレてしまう子の教材としても使いました。そのなかには、ちくちく虫をためている状況を見て、「あ、これ、自分だ」とすぐに気づく子もいました。特に高学年になると、気持ちを抽象化した表現を的確に理解して、自分と重ね合わせてお話を読みすすめる様子が見られました。

ネガティヴな感情をためやすいことを直接指摘されたらむっとしたかもしれませんが、キャラクターがかわいいくまくんであることもあってか、クスクス笑いながらも素直に受け入れられるようでした。

くまくん の ふうせんの話
くまくんは 小さな ふうせんを
もっています
このふうせんは くまくんの
こころです
あるあさ
くまくんがだいじにしている
チューリップの 花が
だれかに ふみつけられて
いました。
でもくまくんは
だれにもいわずにがまんしました
つぎの日
あさごはんに くまくんの
きらいな ピーマンが でました
でも くまくんは
だれにもいわずに だまって
がまんして 食べました

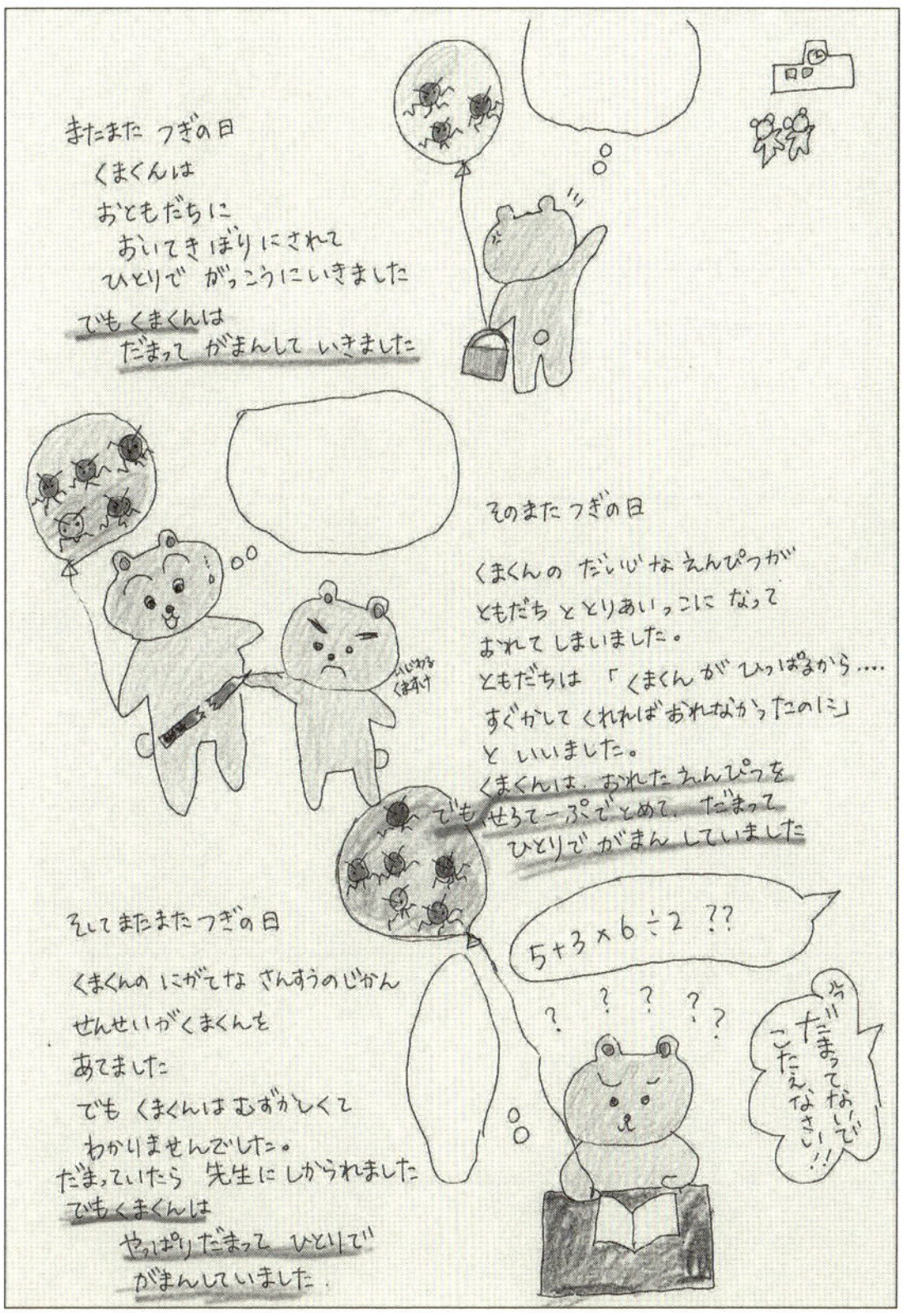
またまた つぎの日
くまくんは
おともだちに
おいてきぼりにされて
ひとりで がっこうにいきました
でもくまくんは
だまって がまんして いきました
そのまた つぎの日
くまくんの だいじな えんぴつが
ともだち と とりあいっこに なって
おれて しまいました。
ともだちは 「くまくん が ひっぱるから....
すぐかして くれれば おれなかったのに」
と いいました。
でも くまくんは おれたえんぴつを
せろてーぷでとめて だまって
ひとりでがまん していました
そしてまたまた つぎの日
くまくんの にがてな さんすうのじかん
せんせいが くまくんを
あてました
でも くまくんは むずかしくて
わかりませんでした。
だまっていたら 先生に しかられました
でもくまくんは
やっぱりだまって ひとりで
がまんしていました
5+3×6÷2 ??
? ? ? ? ?
今 だまってないで こたえなさい!!

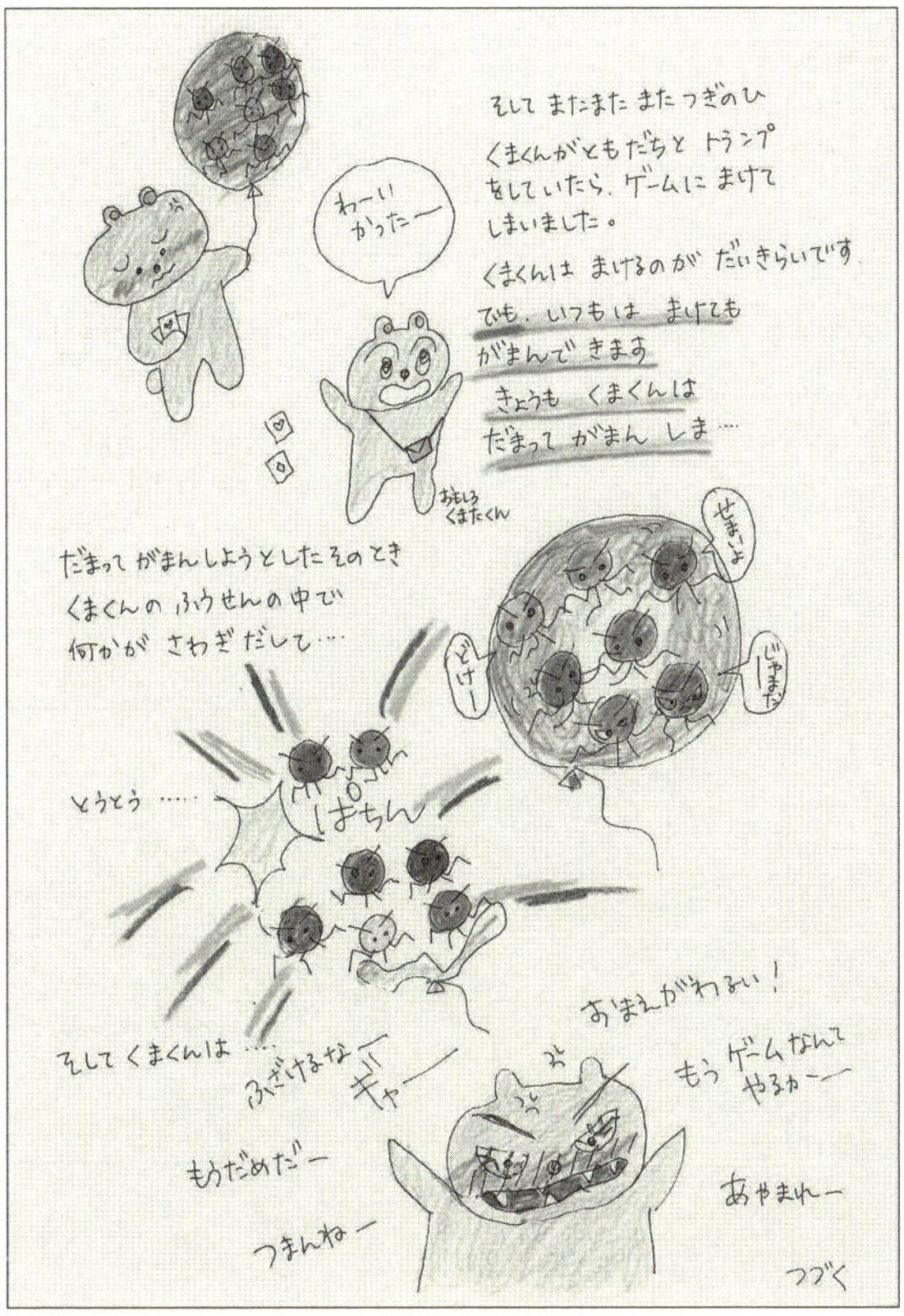
そして またまた またつぎのひ
くまくんがともだちと トランプ
をしていたら、ゲームに まけて
しまいました。
くまくんは まけるのが だいきらいです。
でも、いつもは まけても
がまんで きます
きょうも くまくんは
だまって がまん しま…
わーい かったー
だまって がまんしようとしたそのとき
くまくんの ふうせんの中で
何かが さわぎだして…
せまいよ
どけー
じゃまだ
とうとう……
ぱちん
そしてくまくんは……
ふざけるなー
ギャー
おまえがわるい!
もうゲームなんて やるかー
もうだめだー
あやまれー
つまんねー
つづく

くまくんのお話　その1の2

ネガティヴな感情を上手に表出できない子のためのお話

くまくんのふうせんの話　2

爆発してキレているときに何が起きているのか？

Ａくんは、くまくんがどうしてキレたのかまだわかっていませんでした。あんなに我慢しているのに、「くまくんは、我慢すればよかったのに……」と言っていました。

そこで、キレてパニックを起こしているくまくんに何が起こっているのかをもっとていねいに描くことにしました。

パニックを起こしているときの自分の状態を振り返るのはかなり難しいと思います。頭が真っ白になって、自分でも何を言っているのか、何を怒っているのかもわからなくなっているでしょう。そこで、キレてパニックを起こしてわめくセリフのなかに、これまでため続けたネガティヴな気持ち＝ちくちく虫が昇華していく様子を、言語化して見せることにしました。

嫌だったことを、泣きながらでも言語化することで、一つひとつネガティヴな気持ち＝ちくちく虫が昇華していく様子がわかるようにお話をつくりました。実際に、Ａくんは、キレたときに、それ以前に我慢していたことを泣きながら訴えることがありました。負けたことにキレているはずなのに、買ってもらえなかったおもちゃのことや、嫌いなものを食べさせられたことを言いだすことがあったそうです。

実際にはたまったネガティヴな気持ち＝ちくちく虫が、一つひとつすべて言葉に出ることはないでしょう。でも、そこは、くまくんというファンタジーの物語だからこそ、ちょっと無理のある台詞も可能になりました。

あわせて、そうしてためたネガティヴな気持ちを一気に爆発させて出された相手はどんな気持ちになるのかについても考えさせたいと思いました。そこで、友だちのくまたくんの気持ちを吹き出しにして、書き込めるようにしました。

このくまたくんの気持ちは、まさにＡくんがキレてしまったときの、お母さんの気持ちだったと思います。なぜこれくらいのことでこんなにキレるのかがわからず、途方に暮れていたのではないでしょうか。

このお話は、お母さんにもAくんの心のなかで何が起きているのかを知らせるのに役に立ちました。

もともとAくんは、「負けること・できないこと・失敗すること」が苦手でした。だから、小さいころからかんしゃくを起こすことが多くてお母さんは苦労されてきたことと思います。きっと、Aくんのために、我慢することの大切さを教えたり、我慢できたときにほめたりしてきたのでしょう。だからこそAくんは「我慢することの大切さ」を知っていたのです。

でも、その反面、ネガティヴな感情を適切に表出する経験を積み重ねにくかったということもあったのではないでしょうか。感情表出が極端なので、いざ感情表出したときには大騒ぎになってしまい、周りからスムーズに受け入れられなかったのではないかと推測されます。

ネガティヴな感情をためて、その結果爆発させてしまうときの心の様子が視覚化されたことで、お母さんにとっても、Aくんについての理解が深まったと思います。このからくりが納得できたことで、Aくんがキレたときにも、少し安心して対応できるようになるのではないかと思いました。


指導後……


ためてしまったネガティヴな気持ち=ちくちく虫が一つずつ出てくるのを見ながら、なんのちくちく虫だったのかを聞いていきました。驚いたことに、前回の話を全部覚えていて、「友だちにおいていかれたときのちくちく虫だ!」など、ちくちく虫(ネガティヴな出来事)を解説していました。前回、自分のこととして振り返ることはなかったまでも、くまくんがキレてしまう様子は本人にとって興味深かったのだと思います。

パニックを起こして大泣きしたあとには、すっきりしてしまっているくまくんを見せて、「Aくんもこれと似たようなことなかった?」と聞きました。

自分の体験と重ね合わせて見ることができればよいと思って聞いたのですが、まったく心当たりはないようでした。泣きながら怒りや悲しみを出してしまったことですっきりしているくまくんを見て、「ちくちく虫が全部いなくなってよかったね」と笑っていました。(単純……♡)

一方、キレられたくまたくんの気持ちを推測することは、そんなに難しくなかったようです。くまくんのお話にすることで、客観的に物事を見ることができたのだと思います。

「くまたくんは、どんな気持ちかな」

と、問うと、

「よくわからなくて、嫌な気持ち」

と言っていました。

キレて大泣きすると、相手は嫌な気持ちになることは理解でき、「キレないほうがよかった」と話していました。

しかし、相手の気持ちがその後も続いていて、相手の次の言動に影響していることは、まだわからなかったようです。最後の場面で、くまたくんに遊びの誘いを断られたことを、

「くまたくんは、いじわるだ」

と言っていました。再度、くまたくんの

気持ちの変化を確認することで、「くまたくんは、怒っているのかな?」と言いましたが、それでも、少し納得がいかない表情をしていました。自分はすっきりしてしまっているので、いつまでも怒っているくまたくんのことが理解できないのでしょう。Aくんの他者の視点に立ちにくいという課題もここから読みとることができました。

まだ低学年のAくんは、自分のこととして振り返ることはできませんでした。しかし、高学年の子どものなかには、すぐに自分のことと重ね合わせて考えることができた子がいました。

相手の混乱や嫌な気持ちを理解して、「もう二度とキレたくない」と、感想を言う子もいました。その子もネガティヴな気持ちを受け入れることが難しいのだなと思いました。

相手の気持ちがわかると、ますます自分のネガティヴな感情を出してはいけないと思いがちです。しかし、この教材をつくった目的は、「ネガティヴな感情をおさえることを教えること」ではありません。そこで、くまくんが自分のネガティヴな気持ちを言語化して出す場面が必要だと思いました。

本当に教えたかったことは、「キレないこと」ではなく、「上手にプチ切れること＝上手に適切な相手に適切な言い方でネガティヴな気持ちを表出すること」でした。

そこで、仲よしのくまたくんに言われた一言でどんな気持ちになるか、その気持ちを我慢する以外の方法で晴らす方法を、続きのお話で知らせていこうと考えました。

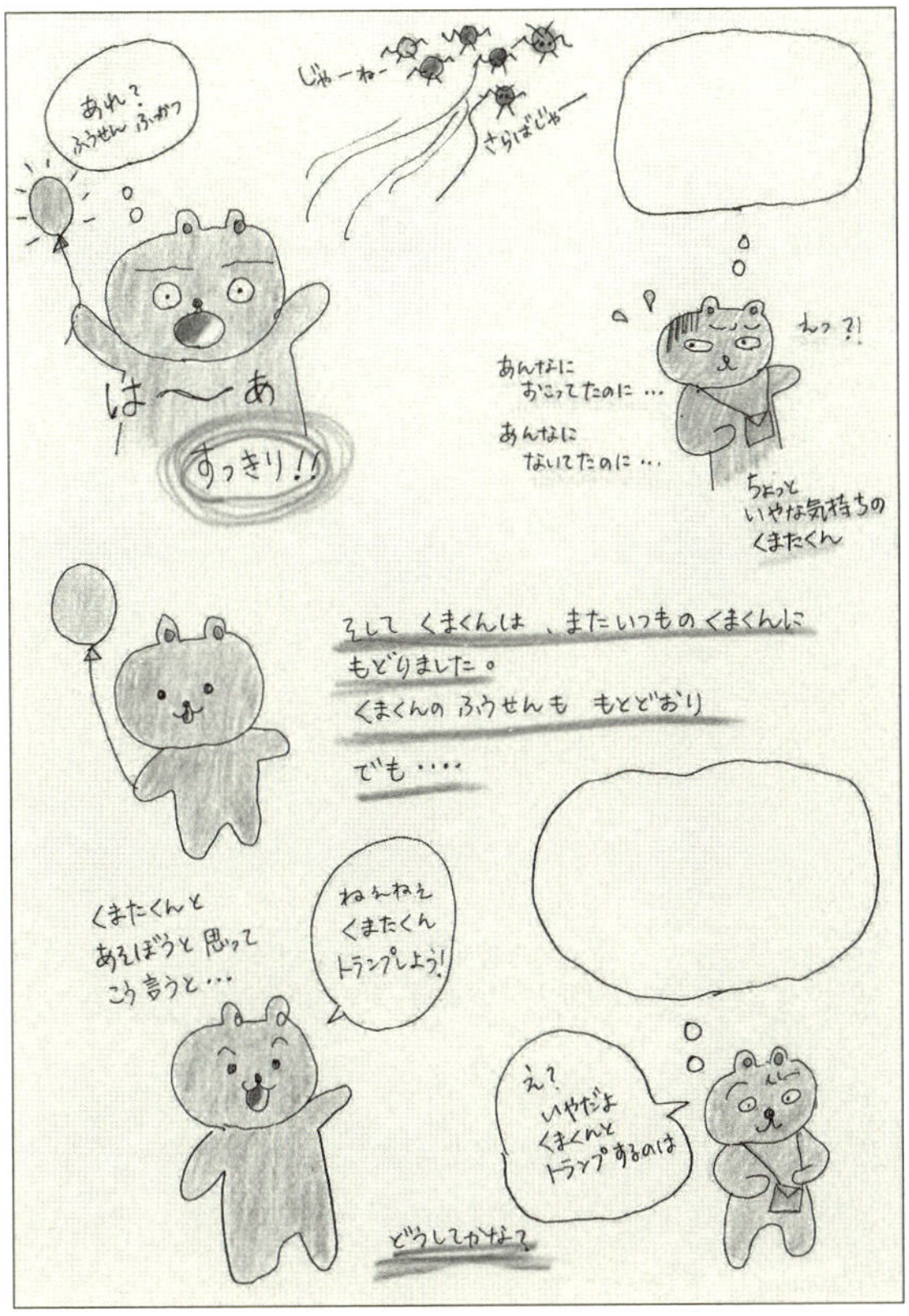
あれ？ ふうせん ふわっ
じゃーねー
さらばじゃー
は〜あ
すっきり！！
ねっ？！
あんなに おこってたのに…
あんなに ないてたのに…
ちょっと いやな気持ちの くまたくん
そして くまくんは、またいつもの くまくんに もどりました。
くまくんの ふうせんも もとどおり
でも・・・・
くまたくんと あそぼうと 思って こう言うと…
ねえねえ くまたくん トランプしよう！
え？ いやだよ くまくんと トランプするのは
どうしてかな？

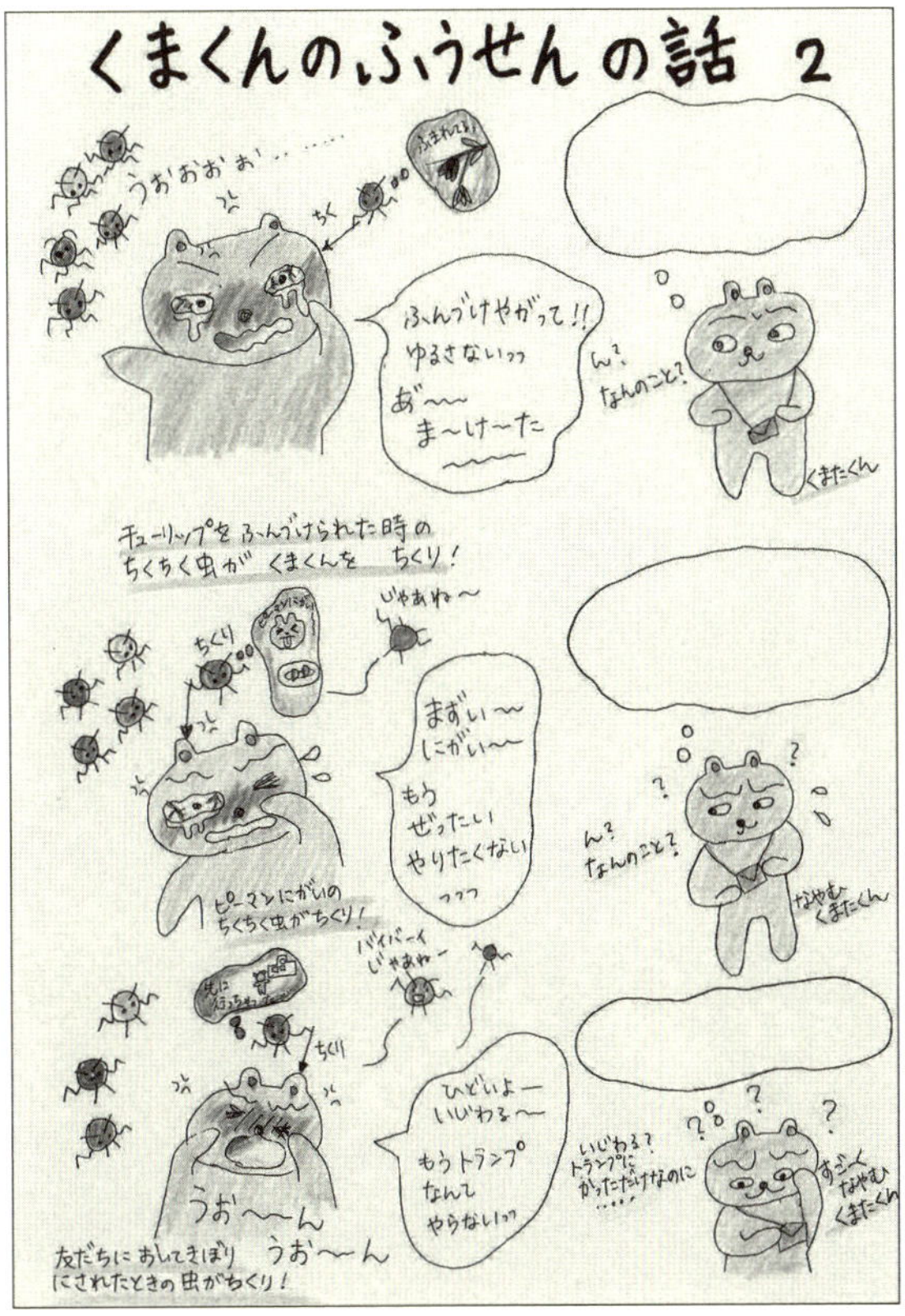
くまくんのふうせんの話 2
うおおおお……
ちく
ふんづけやがって！！ ゆるさないっっ あ〜〜 ま〜け〜た
ん？ なんのこと？
くまたくん
チューリップを ふんづけられた時の ちくちく虫が くまくんを ちくり！
ちくり
じゃあね〜
まずい〜 にがい〜
もう ぜったい やりたくない
ん？ なんのこと？
なやむ くまたくん
ピーマンにがいの ちくちく虫がちくり！
バイバーイ じゃあねー
ちくり
ひどいよー いじわる〜
もう トランプ なんて やらないっ
いじわる？ トランプで かっただけなのに……
すごく なやむ くまたくん
うお〜ん
友だちに おいてきぼり うお〜ん にされたときの虫がちくり！

うお〜〜〜ん
バイバイ
ちくり
ひどいよー ひどいよー
もう ぜったい あそばないっ
えんぴつ おられた
ばた ばた
えんぴつおられたときの虫が ちくり！
トランプで かっただけなのに
ぼく、そんな ひどいことした？
めちゃめちゃ なやむ くまたくん
あ・あ・あ・… もうだめだ――
先生もキライだ みんなキライだ
もう 学校なんて 行かないっ
どーん
ちくり
えっ！ トランプに かっただけなのに 学校こないの？
おどろく くまたくん
先生に叱られたときの虫がちくり！
トランプ まけたね…
ちくり
もう…. だめだ…. はあ〜
ボ――
ぼく何したら…
あのう…. かって ごめんね ….
あきらめる くまたくん
トランプに負けたときの虫がちくり！！

くまくんのお話　その1の3

ネガティヴな感情を上手に表出できない子のためのお話

くまくんのふうせんの話　3

嫌な気持ちと向き合おう

　この回では、くまくんがいつものように、嫌な気持ちを見ないふりをしたり忘れようとしたりして押し込めるのではなく、嫌な気持ちに向き合おうとする場面を描きました。

　Aくんは、嫌なことがあっても、その嫌なことに直面することなく、ただ我慢する方法しか知らないのだと思われました。そこで、くまくんもはじめは「どうしてなのか？」を考えずに、ただ我慢しようとするというお話の流れにしていきました。

　くまくんが、嫌な気持ちと向き合う場面では、「夜中に嫌なことを思い出してしまい、どうしても眠れない」という流れにしました。低学年のAくんには、そのようなことはないかもしれませんが、困っているくまくんを見て、ネガティヴな感情＝ちくちく虫のおさめ方を一緒に探すこともできるのでは、と考えました。

　ただし、ちくちく虫を「単純におさめる＝忘れる、押し込める」ではないおさめ方につなげていきたいと思っていました。そこで、悩んでいる気持ちに焦点を当てることにしました。

　悩みがあって眠れないことは、小学生では少ないだろうと思います。でも、この「悩む」という過程はとても大事なので、簡単に答えを出さずに、悩んでいるくまくんを見せることにしました。

　自分の嫌な気持ちに向き合わずに、忘れようとしても、忘れられずに余計に苦しい気持ちになったり、自分の気持ちを偽るくせがついたりするのではないかと思います。

　だから、きちんと悩む姿を見せて、「悩むことはつらいけど、とても大事なことだ」と教えたかったのです。そのため、ちくちく虫が騒いでいるときのくまくんの気持ちを吹き出しにして、一緒に考えて書き込めるようにしました。

　この場面では、正しい答えではなく、くまくんが悩んでいる気持ちが理解できればよいと思っていました。

　つまり、「ぼくがキレたから、くまたくんがもう遊ばないって言ったんだ」という正論ではなく、「なんでかな？　わからなくてつらいな。悲しいな」「わからないから忘れたい」という気持ちに気づくことをねらいました。

　この気持ちに気づいて言語化することこそが、ネガティヴな気持ちの認知と受け入れにつながると思ったからです。

　最後には、悩んだ末、寝不足になったくまくんに、お母さんが「どうしたの？」と聞き、気持ちを話すよう促す場面をつくって、吹き出しを大きくしました。

　他者に話すことで、自分の気持ちを自分から切り離して再認識できることを知らせたいと考えたからです。一番身近に相談できる他者としてお母さんを登場させました。

　くまくんとちくちく虫の両方に、寝不足で目の下にくま（くまくんの目の下にくま⁉）を描いたのは、絵的に愛らしくていいなと思ったからですが、ちくちく虫＝ネガティヴな感情もしっかり受け入れてほしいという願いからでもあります。ちくちく虫を怖い姿ではなく、かわいらしい顔にしたのは、画力のせいもありますが、ネガティヴな感情への拒否感や恐怖感をなくしてほしかったからです。ネガティヴな感情も、自分の大事な感情の一つとして受け入れてこそ、感情のコントロールが可能になるのではないかと思います。


指導後……


　Aくんは、夜中に騒いでいるちくちく虫を見て、単純に「うるさいな」と思ったようです。はじめは、くまくんの気持ちを
「『うるさいな、静かにして』と思っている」

と言っていました。くまくんの心の葛藤には気づかず、ちくちく虫＝ネガティヴな気持ちを単なる悪者に思っている様子でした。

　そこで、少し前回のお話を見せながら、くまたくんに「（くまくんと遊ぶのは）嫌だよ」と言われたときの気持ちを考えさせました。すると、

「どうしてかわからないから、嫌な気持ち」

と、くまくんの「悩み」に少し気づきました。

「くまくんが悩んでいるのは、ちくちく虫のせいだ！」

と言い、ちくちく虫を悪者に思っている様子があったので、

「ちくちく虫は何が言いたかったのかな？」

「くまくんは、ちくちく虫が何を言いたかったのかわからなかったみたいだけど、Aくんはわかる？」

「くまくんは、ちくちく虫が何を言いたいのか、一生懸命考えたんだよね。Aくん、くまくんを助けてちくちく虫のなぞを解いてよ」

などと聞きましたが、

「ちくちく虫をやっつけて、早く寝ればよかったのに」

と、言っていました。

　ちくちく虫は敵と思ったようです。

　本当のねらいとしては、ネガティヴな感情を受け入れることでした。ですから、やっつけ方ではなく、つき合い方を教え

ようと思っていました。それでも、これまで自分のなかにあることすら自覚できていなかったネガティヴな感情を、外在化して客観視できたことは、Aくんにとって成長だったと思います。

この回は、Aくんがお話から、「悩むことが大事」と気づくのはさすがに難しく、お母さんに「どうしたの?」と聞かれた場面の吹き出しには、

「夜中にちくちく虫がうるさくて、寝られなかったの」

と答えていました。「くまたくんに、〜って言われて、どうしてかわからなくて悲しかったの」と、事情と気持ちを話すことで、感情面の認知とネガティヴな感情のやり過ごし方を知ることができるのに……と思いましたが、それには、また別の手立てが必要なのだと考えることにしました。

Aくんは、感情の語彙も少なく、「怒り、悔しさ、悲しさ」などすべて「嫌だった」という表現になってしまう段階でした。感情面の認知をするには、まだ無理があると思われました。

そこで、まずは、ちくちく虫を外在化し、客観視できたことを活かして、ネガティヴな感情を適切に表出することにつなげようと考えました。

ボムッ
ボムッ
ギャーギャー
ギャーギャー
あらら くまくん どうしたの
くまくんまま
つぎの朝 くまくんの ままは くまくんに ききました。
くまくん きのうは どうしたの?
うん・・

くまくんのふうせんの話 3
どうして!!
いやだよ
いやだよ
いやだよ
いやだよ
いやだよ
いやだよ
くまくんと トランプするの いやだよ
くまたくん
いやって 言われた…
「くまくんとトランプするの いやだよ」
と言われたとき
くまくんの 心のふうせんに
ちくちく虫が ・・・・
しかたない … がまんしよう でも どうして?
あっそう
とっても つらかったけど
くまくんは がまんしました。
とっても かなしかったけど
くまくんは がまんしました。
・・・
すたすたすた
くまたくん

その夜
キック
ボムッ
くまくんは
ちくちく虫の
キックのせいで
なかなか
ねむれませんでした。
くまくんは おきあがって
きょうの くまたくんの ことを
考えました。
どうして「いやだよ」って
言われたのかな?
でも わからないので
ねようとすると・・・
いやだよ!!
また ちくちく虫が
さわぎました。

くまくんのお話　その1の4

ネガティヴな感情を上手に表出できない子のためのお話

くまくんのふうせんの話　4

気持ちを誰かに話して、受け入れてもらえると……

前回のAくんの反応から、ネガティヴな感情を自覚して受け入れた上で、どう対処すればいいのかを考えるのは難しいとわかりました。

そこで、この回は、ネガティヴな感情の適切な表出の仕方を具体的に教えることをねらいました。「感情を言語化して誰かに話すことで、ネガティヴな気持ちを対象化することができる」ことを、見える形にして描きました。

事情と気持ちを話したくまくんが、お母さんに気持ちを受け止めてもらう言葉をかけられた瞬間、ちくちく虫＝ネガティヴな感情、が昇華していなくなるように描いて、見えるようにしました。また、本人の言う「やっつける方法」として、「お母さんに話して受け入れてもらうこと」を設定しました。

キレる以外のネガティヴな感情の表出の仕方を知って、大爆発する前にお母さんに話すことができるようになれば、大きなパニックはなくなるのではないかと思ったからです。

ネガティヴな感情を表出したとき、その受け手がその感情を受け止めてくれることで、よりその感情を対象化できると考えました。対象化でき、聞き手が受け入れてくれることで、感情をコントロールしやすくなると思います。

腹が立つことがあって、誰かに自分の怒りを聞いてもらって、相手が「怒るのもわかるよ」と共感的に受け止めてくれると、すっきりするのと同じです。

さらに、感情が未分化な子にとっては、感情を表す言葉を身につける手助けになると思います。

特に、感情を表す言葉を知らず、「悲しい、悔しい、怒り」など、すべてを「嫌な気持ち」とくくっていたAくんに、「それは、悲しかったね」と答えて、いま感じている気持ちは「悲しい」なんだとネーミングすることが、感情語彙を増やすために必要だと考えました。

感情語彙を増やし、自分の感情に気づくには、そのときどきの感情にネーミングをして、いろいろな気持ちを心の辞書のなかにストックしておくことが大事です。たいていの子どもたちは、特に学ばなくても、日常生活のなかで感情語彙を増やしていきますが、発達に課題のある子どもたちには配慮して言葉を教えていく必要があると思います。

特に、ネガティヴな感情の受け入れが不得意で、「負けるのが苦手、できないことが許せない、間違えるのが大嫌い」だと、さまざまなネガティヴな感情語彙を身につけるのが難しいと思われます。

この回は、保護者にも、子どもがネガティヴな気持ちを表出したときにどのように対応したらよいのかを考えてもらおうと思っていました。ですから、くまくんのお母さんが、くまくんの気持ちを「それは悲しかったね」とネーミングするにとどめました。

ただ、気持ちを共感的に受け止め、気持ちを繰り返して返すことが、子どもの助けになっていることをお母さんにも知ってほしかったのです。

ですから、ここでは、くまくんのお母さんが「くまくんがくまたくんに、何か嫌なことをしたのではないか?」という事実を確認したり、理論的に諭したりということを抜きにしたのです。

指導後……

Aくんは、お母さんにお話ししているくまくんの気持ちの言葉はすぐには出てきませんでした。くまくんの気持ちを書いてもらいたかった吹き出しにも、「くまたくんが、嫌だよって言った」と出来事を書いていて、なかなか気持ちに目が向きませんでした。それでも、

「(くまくんが)泣いているよ。どんな気持ち?」

と、表情に注目させて聞くと、

「悲しい気持ち」

と、初めて「嫌な気持ち」以外の感情の言葉を話していました。

どうしてちくちく虫がいなくなったのかを聞くと、お母さんが気持ちを受け入れてくれて、くまくんがお母さんからのハートをもらったところに着目して、

「お母さんからハートをもらったから、ちくちく虫がいなくなった」

と気づいていました。

自分が言語化して伝えることが大事なので、自分の気持ちを話しているところに注目させました。

ちくちく虫がいなくなるポイントには、

「お母さんに話してハートをもらえば、ちくちく虫はいなくなるよ」

と書いていました。

お母さんにもこのお話を見ていただき、Aくんがネガティヴな感情を話すことができたときには、まずは共感的に対応し、感情の言葉を返し、理屈で納得させることはあとまわしにしてもらうようお話ししました。

また、感情面の語彙の少なさ(怒りも、悔しさも悲しさもすべて「嫌な気持ち」と表現していたこと)に触れ、感情語を増やすために、

「悔しいんだね」

「イライラしているんだね」

「ムッとしちゃったんだね」

など、そのときどきに合う言葉を返すとよいとお話しさせていただきました。

Aくんはこのお話を読むことで、自分のネガティヴな気持ちを、我慢し続けるのではなく、表出することでコントロールすることに気づいた様子でした。

でも、気持ち自体は、とても抽象的なものなので、いろいろな感情がすぐにわかるようになるわけではありません。感情面の気づきが難しい子どもたちは、「気持ち」を聞いてもなかなか答えることができません。気持ちを聞いても行動を答えたり、対処法を答えたりします。ネガティヴな気持ちを表出するためには、まずは、気持ちの言葉をていねいに教えていく必要があるのだと思います。

うん もうだいじょうぶ
つらかったこと よく ママに おはなしして くれたね. ありがとう もう だいじょうぶ？
くまくんは かんがえました。
どうして ちくちく 虫は さようなら したんだろう？
？？
さようなら〜
りゆうが あるよ！ おしえて あげようか？
どうしてかな？ きっと・

くまくんのふうせんの話 4
くまくんは お母さんに 話しはじめました。
くまたくんに
くまくんと トランプするの いやだよ
っていわれたの…
話しながら くまくんの 目から どんどん なみだが あふれてきました。
うんうん

くまくん のママが やさしく 言ってくれたとき くまくんの 心に ほっこりハートが…
えっ
うん
そうなの それは かなしかったね いやな きもち だったでしょう
そして ちくちく虫が……
さよーなら〜
あれ？

くまくんのお話　その1の5

ネガティヴな感情を上手に表出できない子のためのお話

くまくんのふうせんの話　5

ちくちく虫をためるとどうなる?――まとめ

ネガティヴな感情を表出すると、どうなるか？　――感情をためてパニックを起こすとどうなるか？

その差を教えようと、二つの状況を並べて描きました。嫌なことは誰でも必ずあるので、どうやってその嫌なことを乗り越えるといいのか、二つの方法を比べてみることで、ネガティヴな気持ちを上手に表出する良さを確認させようと思いました。

嫌なことについては、前回までは出てこない嫌なことを選びました。日常のなかにはちょっとした嫌なことも言語化することが大事なのだと知ってほしかったのです。

ちょっとしたことを、いちいち「～で嫌だったんだ」などと言うことを「愚痴をこぼす」こととして、みっともないことと考える人もいます。「愚痴」を聞くのは、相手も嫌な気持ちになり、愚痴をこぼしてもまったく状況は変わらないのだから、言う意味はない、と考える人もいます。

この「愚痴をこぼす」ことは、本当に意味のない、みっともないことなのでしょうか？

私は、愚痴をこぼすこともとても大事な行為なのではないかと思います。人は、人とのやりとりのなかで自分の気持ちを対象化し、対象化できたからこそ、その気持ちと折り合いをつけてつきあっていけるのではないかと思うのです。

自問自答という言葉もありますが、人と人との関係のなかで、お互いに気持ちを共感し合う環境が大事なのではないでしょうか。

そして、受け入れられた安心感のなかでこそ、ネガティヴな感情を引き受けることができるのではないでしょうか。

発達に課題のある子どもならなおさら、自分のネガティヴな感情を一緒に引き受けてくれる他者がそばにいることが大事なのだと思います。

指導後……

　これまで、ちくちく虫のお話を一緒に読み進めてきたので、二つの違いはすんなり理解できた様子でした。Aくんは、学校ではパニックを起こしてキレることはなかったので、友だちが「困るよね～」と言っている場面を見て「ほら～、くまくん、こうなっちゃうでしょ～」と言っていました。お母さんにキレていることを自覚できているのか確かめるために、

「家で、お母さんにこんなふうに怒ることあるんだって?」

と、問うと

「ある」

と、すんなり認めていました。

「そのこと、どう思っているの?」

と聞くと

「ダメだから、ちゃんと言う」

と答えていました。

　くまくんがキレている絵を指差して、

「このくまくんみたいになる前に、嫌なことがあったら話すといいよね」

と声をかけると、神妙な顔をしてうなずいていました。

「くまくんとふうせんの話」で、Aくんは嫌な気持ちを、ちくちく虫として対象化でき、その方法は、言語化して表出することだ……ということに気づいたと思います。

　しかし、まだ、ネガティヴな感情を言語化するだけの語彙も少なく、大きさの違いなどにも気づいていないと思われました。ネガティヴな感情を表す語彙を増やしたり、気持ちの大きさに気づいたりする指導が必要だと思われました。

そして・・・
ぱちん
つまんねー
だいきらいだー
ギャー
もうぜったいやらねー
とっぜんキレて…
次にまた
いやなことがあっても…
ぼく工作にがてなんだ。手つだって！
ヘルプことば
わかった。そうなんだー
すっきりはするけれど‥
ひそひそ
こまるよねー
みんなを びっくりさせちゃうから
なかよく できなくなる
うん
くまくん あそぼう！
みんなに 自分のきもち
をつたえるから なかよくできる
ちくちく虫を ためない 方法《ほうほう》 わかったかな？
うんわかったよ！

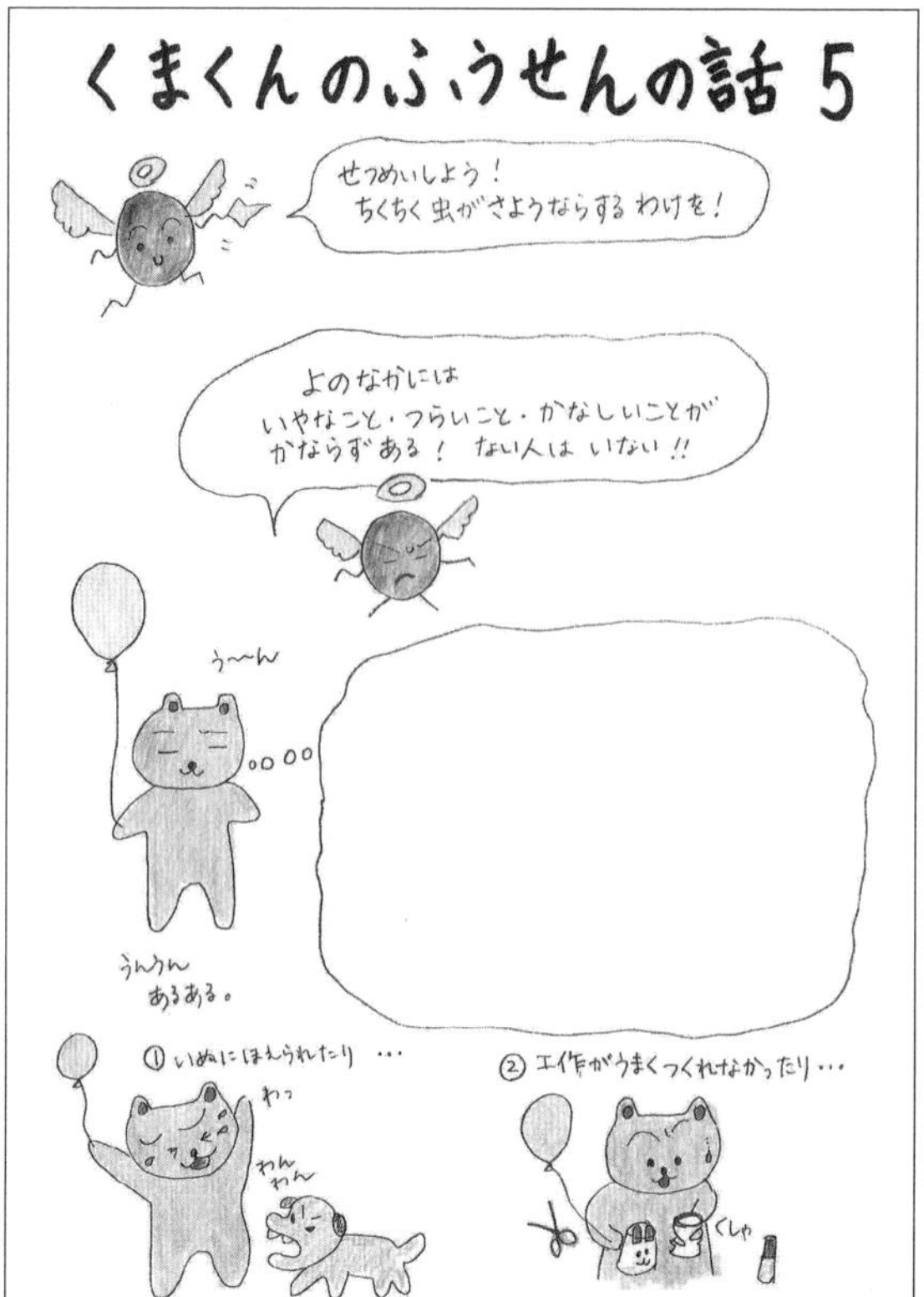
くまくんのふうせんの話 5
せつめいしよう！
ちくちく虫が さようならする わけを！
よのなかには
いやなこと・つらいこと・かなしいことが
かならずある！ ない人は いない!!
う〜ん
うんうん
あるある。
① いぬにほえられたり …
わっ
わんわん
② 工作がうまくつくれなかったり・・・
くしゃ

③ ゲームでまけたり・・・・
ガーン
ガーン
ガーン
うっ
まけた…
わーい
かったー
④ ともだちに いやなことを
言われたり・・・・
えっ？
おまえ字ヘタクソだな
でも！ そんなとき、・・・
……。
だまってがまんする
だれかにお話しする
すると…
すると…
さよーならー
まあ いいか・・・
はやきことば
そうなんだー たいへんだったね
だんだんちくちく虫がいっぱいに
なってくる
ちくちく虫が さよなら する

くまくんのお話　その2・その3

ネガティヴな感情を上手に表出できない子のためのお話

くまくんとぽかぽかちゃんとちくちっくん

いろんな気持ち、いろんな大きさの気持ちを知ろう！

自分の気持ちがよくわからない子がいます。感情の種類を知らなかったり、感情の幅がなかったりするので、自分の気持ちがよくわからないのです。

感情の種類とは、ネガティヴな感情なら「悲しい・不安・うらやましい・怒り・驚き」などです。ポジティヴな感情なら「楽しい、嬉しい、おもしろい、ほっとする」などです。特に嫌な気持ちは認識しづらく、悲しいも不安も、すべて「嫌な気持ち」になってしまうようです。

嫌な感情が怒りに変わってしまう子もいて、本来なら困っているだけの場面で怒りだしてしまうなど、適切な感情がわからないのだと思えます。

また、気持ちの幅とは、「少しつらい、だいぶつらい、すごくつらい」など、感情の大きさです。気持ちの幅がないと、少しイライラする、だんだんイライラしてきた……という段階がないので、突然、最高レベルの怒りになります。さっきまでおだやかにやりとりしていたのにささいなことで突然怒りだすという場合は、感情の幅がないのではないかと思います。

「くまくんとぽかぽかちゃんとちくちっくん」は、そんな自分の気持ちがわからない子どものためにつくったお話です。ポジティヴな気持ちを抽象化したキャラクターを「ぽかぽかちゃん」、ネガティヴな気持ちを抽象化したキャラクターを「ちくちっくん」としました。

この教材は、いくつかの気持ちのコントロールのための教材を参考にしています。道徳に「ふわふわ言葉、ちくちく言葉」というネーミングで、あたたかい言葉と、相手を傷つける言葉を学ぶ教材があり、キャラクターの名前はそこから発想しました。

また、気持ちのエレベーターという気持ちの強さを1～5までのレベルに分ける教材もあり、それを参考にして、くまくんと一緒に気持ちの種類や幅を学ぶお話にしていきました。

ぽかぽかちゃん、ちくちっくんは、それぞれにいろいろな言葉（感情の語彙）があり、その一つひとつを、感情の幅（小さいものから大きいものまで）がわかるように階段状になっているシートに書き込むようにしました。

いろいろな気持ちを表す言葉の表を使い、どの言葉がどこに来るのかを一緒に考えました。気持ちを表す言葉の表は、国語の教科書を参考にしてつくりました。また、気持ちを書いたカードをつくって、並べて貼れるようにした子もいました。

いろいろな気持ちがあり、気持ちには幅（大きさ）があることがわかるように、いろいろな大きさのいろいろな気持ちを例にあげ、くまくんの姿を描きました。くまくんが主人公になって語ることで、より客観的に内容に触れられると思っています。

自分で自分の課題に気づいている子には、より直接的な教材でよいと思います。でも、自分の課題に気づいていない、気づいているけれど、そこに触れられるのがつらい子には、くまくんと一緒に学ぶことで、間接的に課題に触れられるのではと思います。

くまくんとぽかぽかちゃんとちくちっくん
ぽかぽかちゃんは
とき
とき
とき
など、くまくんの こころが ぽかぽかのときに でてくるね
ぽかぽかちゃんも 小さいぽかぽかちゃんのときと
中くらいのぽかぽかちゃんのときと
大きいぽかぽかちゃんのときと あるね
たからくじ
たからくじ あたった!!
小さいお花みつけた
プレゼントもらった!!
あなたなら どんなとき？

くまくん と ぽかぽかちゃんと ちくちっくん
でも くまくんは まだ ちくちっくん と ぽかぽかちゃん のことを しりません
じつは… くまくんの中には ちくちっくん と ぽかぽかちゃんが います。
さあ、ちくちっくん と ぽかぽかちゃんは どんな やつなんでしょう？
よそうしてみましょう

さて ちくちっくんは … こんなときに 出てきます
どてっ
石
石につまずいてころんだ
ああっ…
うーむ わからん
たべようと 思っていた ケーキを だれかが たべちゃった…
しゅくだいが わからない
ぜんぶ どんな気持ちのときかな？
ほかには どんなときに がでてくるかな？

ぽかぽかちゃんはこんなとき 出てきます
おいしいおやつがあったとき
おっ
サッカーでゴールを きめたとき
あははは
まんが
おもしろい まんがを よんだとき
ぜんぶ どんな 気持ちのときかな？
ほかには どんな ときに でてくるかな？

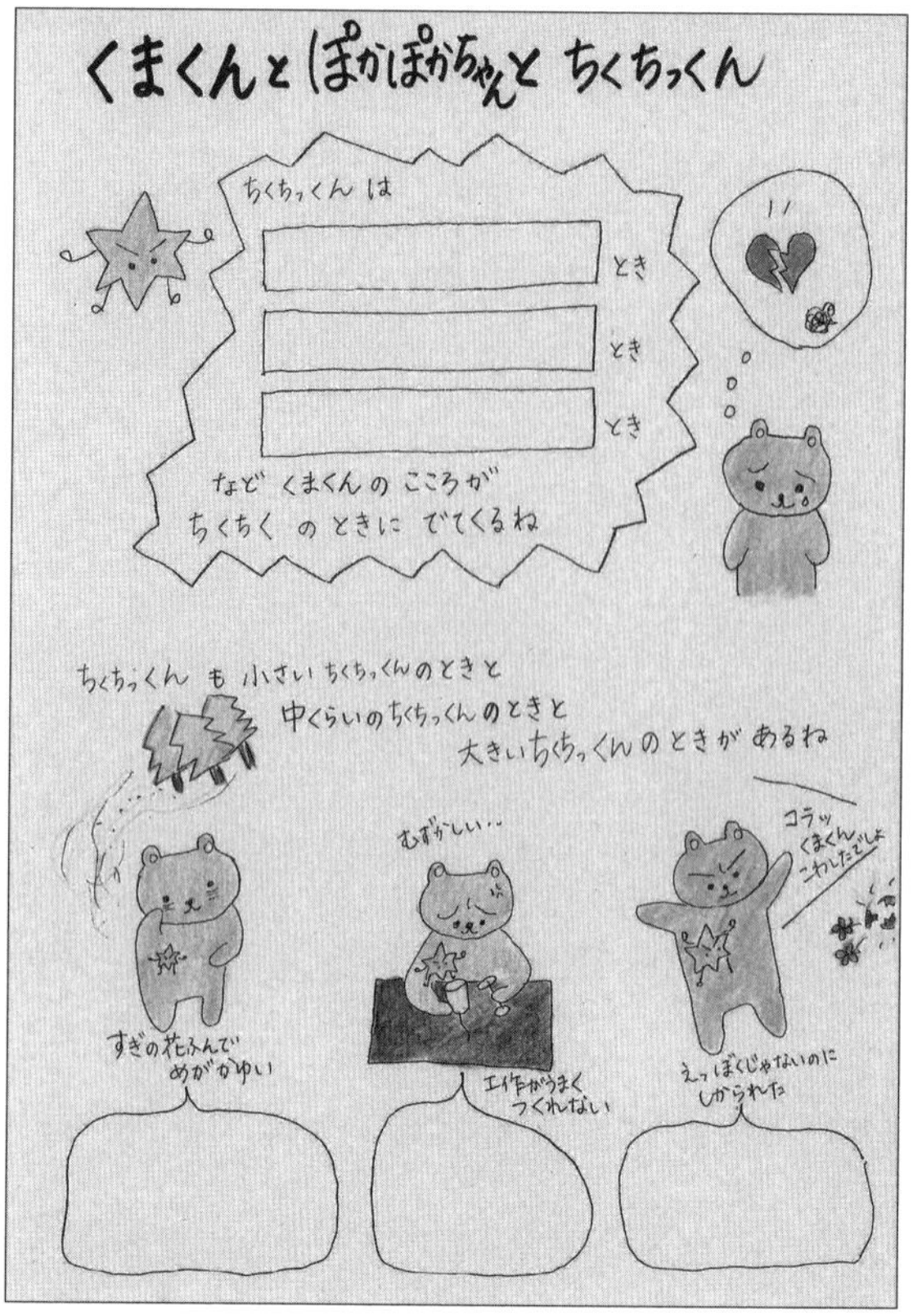
くまくんと ぽかぽかちゃんと ちくちっくん
ちくちっくん は
とき
とき
とき
などくまくんのこころが
ちくちく のときに でてくるね
ちくちっくん も 小さい ちくちっくんのときと
中くらいのちくちっくんのときと
大きいちくちっくんのときが あるね
むずかしい…
コラッ
くまくん
こわしたでしょ
すぎの花ふんで
めがかゆい
工作がうまく
つくれない
えっぼくじゃないのに
しかられた

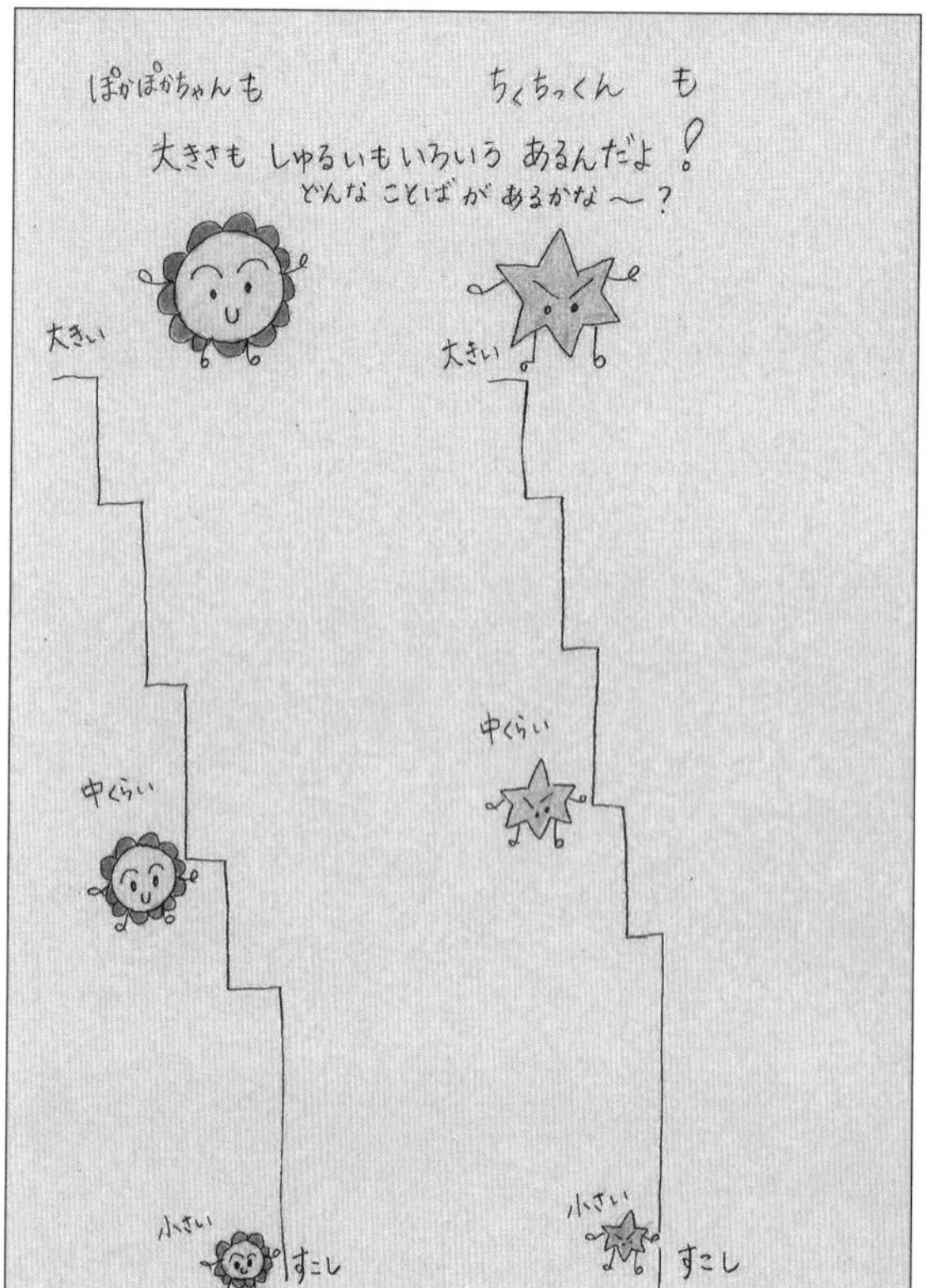
ぽかぽかちゃんも
ちくちっくん も
大きさも しゅるいもいろいろ あるんだよ！
どんな ことばが あるかな〜？
大きい
大きい
中くらい
中くらい
小さい
すこし
小さい
すこし

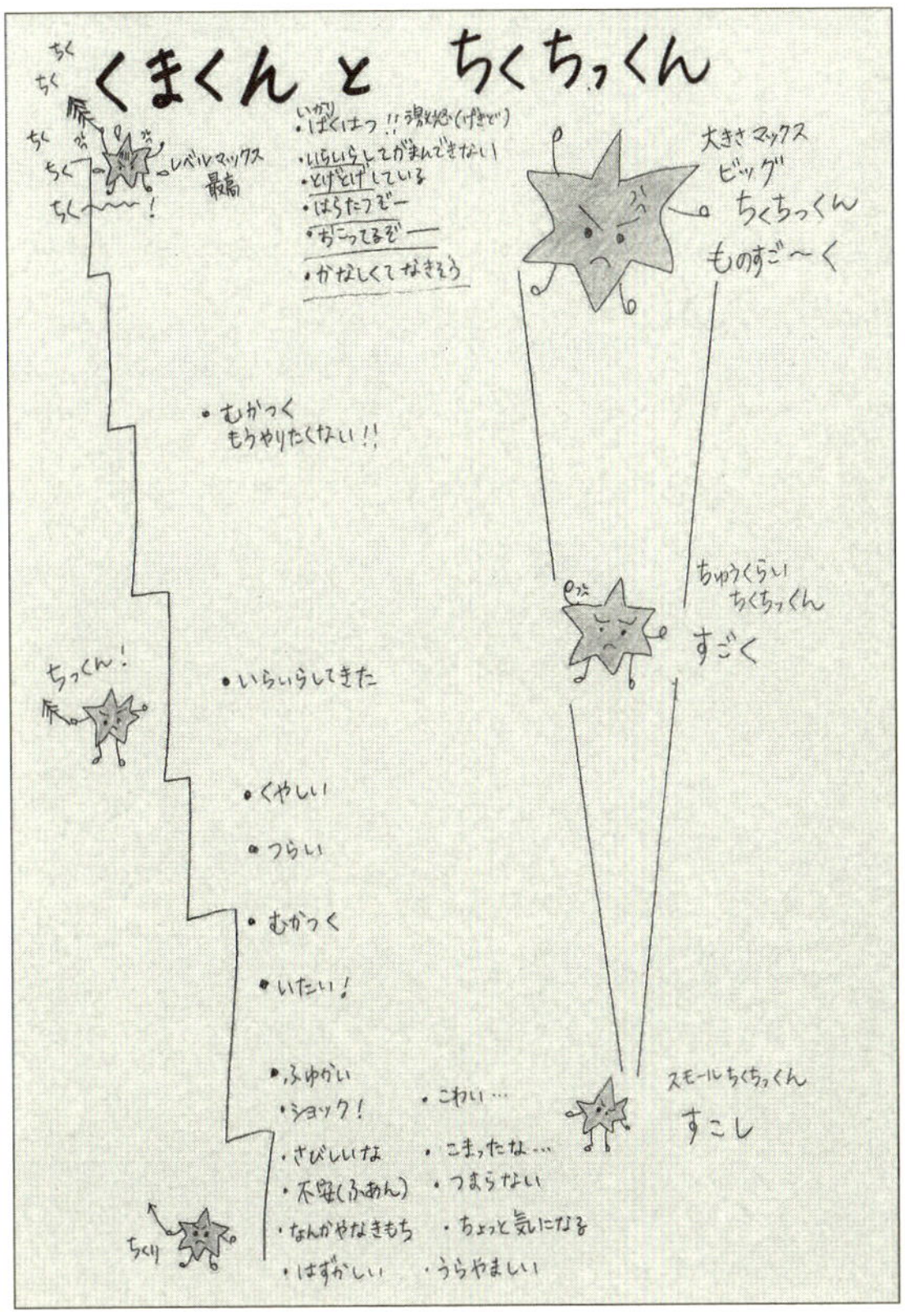
くまくん と ちくちっくん
ちく
ちく
ちく
ちく
ちく〜〜〜!
レベルマックス
最高
いかり
・ばくはつ!! 激怒(げきど)
・いらいらしてがまんできない
・とげとげしている
・はらたつぞー
・おこってるぞー
・かなしくてなきそう
大きさマックス
ビッグ
ちくちっくん
ものすご〜く
・むかっく
もうやりたくない!!
ちゅうくらい
ちくちっくん
すごく
ちっくん!
・いらいらしてきた
・くやしい
・つらい
・むかつく
・いたい!
・ふゆかい
・ショック!
・こわい…
スモールちくちっくん
すこし
・さびしいな
・こまったな…
・不安(ふあん)
・つまらない
ちくり
・なんかやなきもち
・ちょっと気になる
・はずかしい
・うらやましい

よのなかには いろいろな ちくちっくん が ある。
育てていた金魚が死んだ‥
ちくちく
かなしい
買ってもらったアイス
おとしちゃった…
あっ
ちく
ショック!
ざんねん!
ぼくの大事な ひこうき
おとうとがこわした
ちく
ちく
ドッドン
おこっている
はらがたつ
そうか…
かなしかったのね
ママ…
こわれちゃったんだ…
お母さんに 話すと….
ちくちく虫は さようならして
かなしい!
どんなちくちっくんなのかが
わかるよ!
あ〜〜 ぼくは
今 かなしい 気持ち
なんだなぁ…
心の中に
安全《あんぜん》な箱《はこ》
を作ろう
ちゃんとみえる
とうめいな箱が
いいね。
よのなかには いやなことがいっぱいある。だから いやな 気持ちに なって 当然。ちくちっくん が いても だいじょうぶ。 ちくちっくんと じょうずに つきあおう!

くまくん と ちくちっくん 2
くまくんは、安全《あんぜん》な 箱の 中に
ちくちっくんを しまって おけるように なって
ふうせんを パーン!と はれつ
させることが すくなく なりました。
それでも…
まだ ときどき ふうせんが いっぱいいっぱいに なるとき
が あります。 それは… こんなとき…
さて、今日は
すこし むずかしい
課題を やるよ
ハーイ
ハイ
ハーイ
ハイ
できるかな?
…
どんなのかな
ふーん
こんなとき、きみだったら どんな 気持ちに なる? どう思う?

くまくんは こう思ったよ
むずかしくても できる!!
やるぞ! やってやる!
ぜったい できる〜!!
すごい! やる気があっていいね
だけど、本当に むずかしくて
できなかったら どうなるかな?
うさ子の解説《かいせつ》
さて…
う〜
わからない….
『ぜったいできる!』
はずなのに〜
『ぜったいできる』と 思うのは
いいことだけど、思いこみすぎ
て できないときに ちくちく虫
くんが できてきてるね…
うさ子の解説《かいせつ》
なんで
できないんだよー
もう〜〜
どうして できないの〜
くまくん…
おちついて
はじめから
見直してごらん

えっ?
そして…
もうできない! もうこの問題、2度と出さないで こんなできない 問題!!
ぜったいやらないから!!
ハァ〜 そうだね、やめておこうね ….
こんなのできない問題だからね さよ〜なら〜
もうやらなくて いいからね さよ〜〜なら〜
でも ホントは やりたかったんでしょ?
どうして こんなに ちくちく虫が….
くまくんは どんな気持ちなのかな?

くまくんのお話　その4

ネガティヴな感情を上手に表出できない子のためのお話

くまくんの気持ち理解講座

お母さんのための、気持ちの教え方

　子どもは、いろいろな経験を通して、さまざまな感情を獲得していきます。ネガティヴな感情が芽生えたとき、自分の気持ちがうまく認識できずに、不機嫌になったりイライラして周囲に当たったりすることがあると思います。そのとき、周囲の大人がその感情を表す適切な言葉を教えてあげることで、感情の幅や語彙が増えていくのだと思います。

　この教材をつくるきっかけになった子は、弟が生まれて、いつもよりちょっとしたことでイライラしやすくなったと聞いていました。

　赤ちゃん（弟）のことは大好きでやさしくなでたり、泣いたら「よしよし」と声をかけたり、お母さんのお手伝いもたくさんしてくれていたそうです。だから、お母さんとしては、「やきもちをやいている」とは思えなかったそうです。そして、学校生活に何かストレスになることがあるのだろうと思っていたようです。

　確かに、家では、なんでもないことでイライラするとき以外は、赤ちゃんのお世話をお母さんと一緒に一生懸命やっていました。「弟が生まれたら、お兄ちゃんだよ」「お母さんは赤ちゃんのお世話で大変だから、お兄ちゃんが助けてあげなくてはいけないよ」と言いきかされていたため、本人なりに必死になってがんばっていたようです。

　でも、赤ちゃんにお母さんをとられた気持ち、いつもかまってもらえる赤ちゃんに対して、うらやましい気持ちや、やきもちをやく感情が出てきていたのだと思います。でも、その感情は「立派なお兄ちゃん」としての感情としては、認められないものだったのでしょう。その気持ちを無視して押し込めようとして、余計にイライラしやすくなるという状態になっていたと思われます。

　この教材のなかでは、そんなお兄ちゃんの気持ちを察して、お母さんが気持ちにネーミングしてあげている場面を描きました。子どもにも、「それは、うらやましい」と思っている気持ちで、そう感じて当然の気持ちで、お母さんに「赤ちゃんがうらやましいな」って言ってもいいんだよ、ということを伝えたいと思いました。

　でも、それにも増して、お母さんたち保護者の方に、気持ちにネーミングして、気持ちを受容するやり方を知ってほしいと思っていました。

　下の子が生まれたとき、上のお子さんがやきもちをやくことを無意識に否定することはよくあることだと思います。「お兄ちゃんでしょ。我慢しなさい」「お姉ちゃんでしょ。しっかりしなさい」など、よく聞かれる台詞です。

　でも、こんなときこそ、「『あぁ、赤ちゃん、ずるいな、いいなぁ』って思ったのね」と、気持ちを受け入れるかかわりができると、ネガティヴな気持ちを対象化して認識でき、より感情のコントロールの上手な子になるのではないかと思うのです。

　気持ちをネーミングして、気持ちを受容することと、行動を許すこととは違います。「いいなぁ、おっぱい、ぼくも飲みたいなぁ」と言ったからと、それを受け入れておっぱいを飲ませてあげたら、それは、行動を許すことになってしまいます。

　おっぱいを飲ませるわけではないけれど、気持ちは受け止めればいいのです。「あぁ、弟を見ていて、おっぱい飲んでたこと、思い出しちゃったかな？　うらやましいよね」と、ほほ笑んで聞いてやればいいのです。

「お兄ちゃんでしょ！　何言ってるの！」と否定すれば、「うらやましい」というネガティヴな感情を身につけるチャンスを逃してしまうことになるのではないでしょうか。

　この教材は、子どもと一緒に学習したあとに、保護者にも見せて、行動面を受け入れることと感情を受け入れることの違いを説明しました。「気持ちの名まえを教えるつもりで声をかけてあげてください」とお願いしました。

　気持ちを受け入れられると、子どもは不思議と落ち着いて行動もおさえることができていたようです。また、気持ちの理解は言葉を使って行われるので、気持ちの言葉を日々の生活のなかで、感じているタイミングで教えることで、いろいろな気持ちを理解できるようになったようでした。

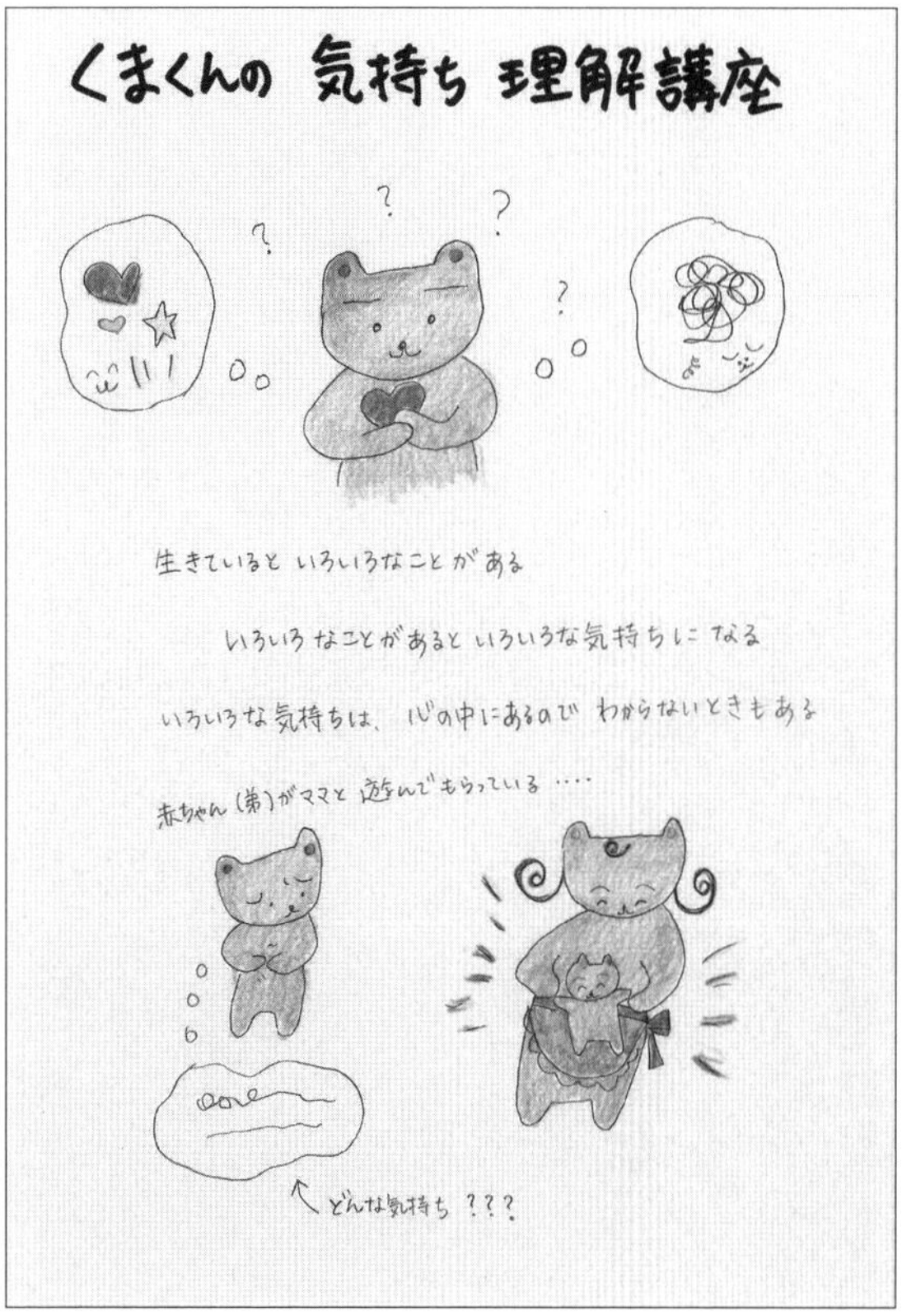
くまくんの 気持ち 理解講座
?
?
?
?
生きていると いろいろなことがある
いろいろなことがあると いろいろな気持ちになる
いろいろな気持ちは、心の中にあるので わからないときもある
赤ちゃん（弟）がママと遊んでもらっている‥‥
どんな気持ち ???

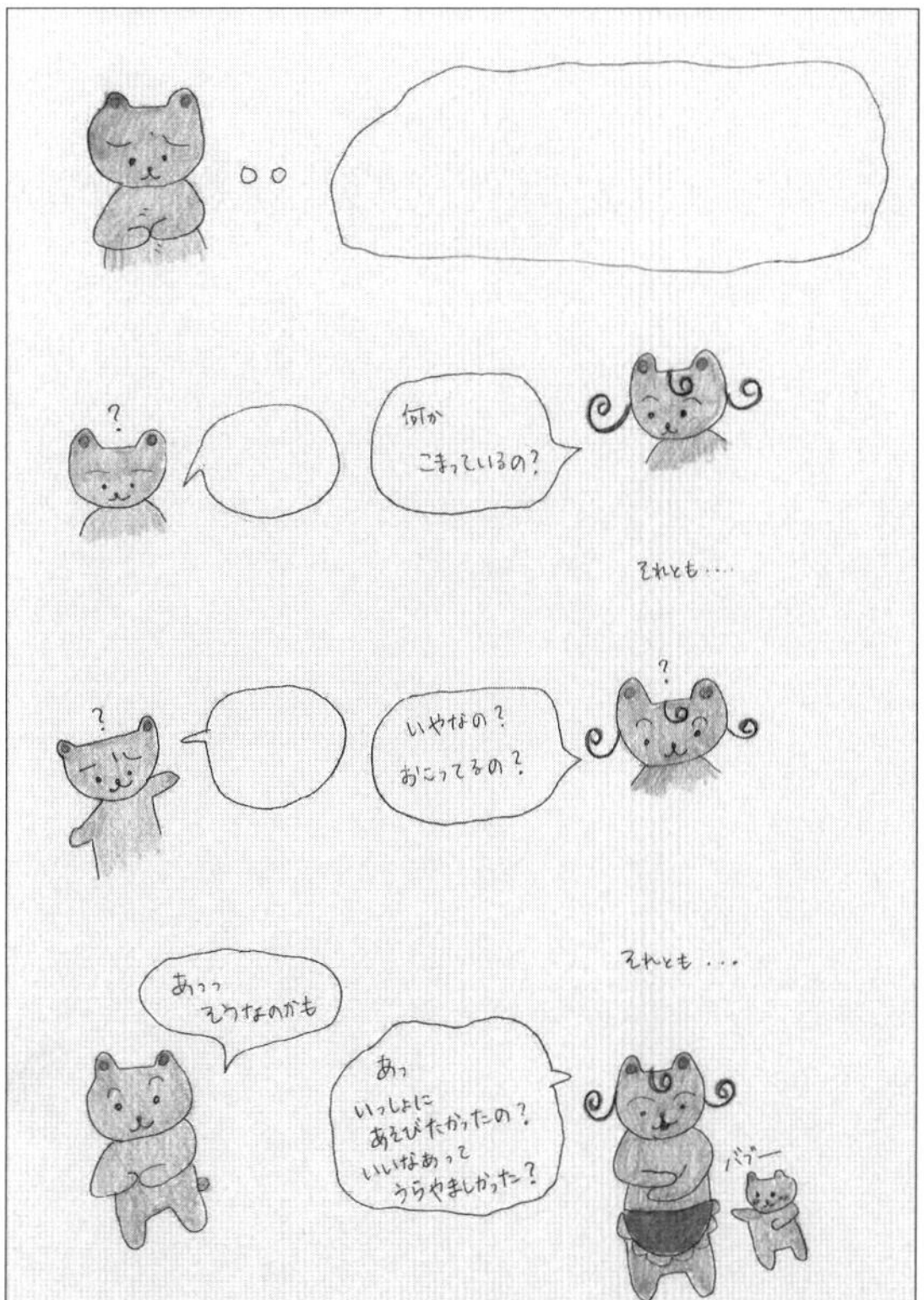
?
何か こまっているの?
それとも‥‥
?
?
いやなの? おこってるの?
それとも ‥‥
あっっ そうなのかも
あっ いっしょに あそびたかったの? いいなあって うらやましかった?
バブー

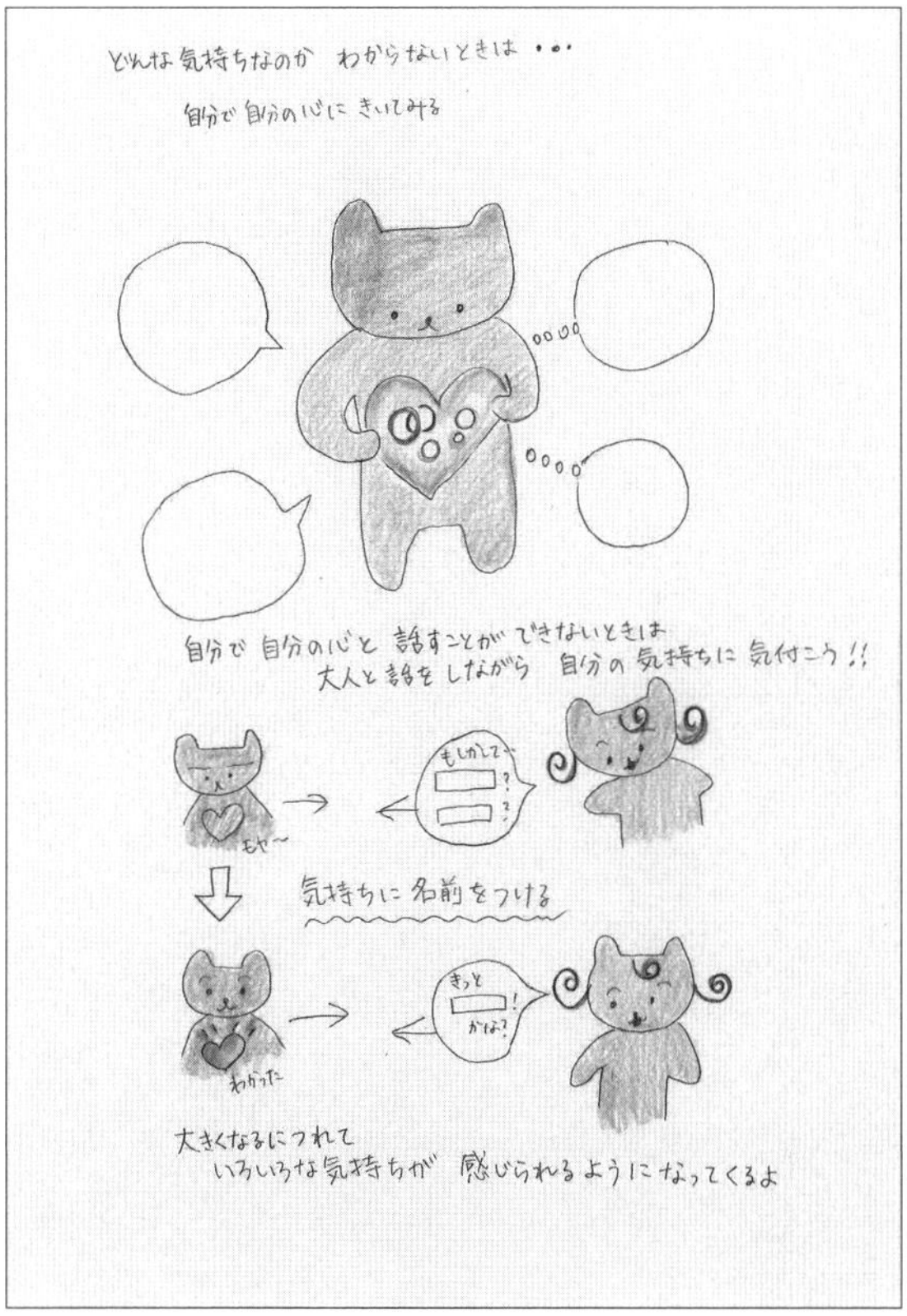
どんな気持ちなのか わからないときは ‥‥
自分で自分の心に きいてみる
自分で 自分の心と 話すことが できないときは
大人と話をしながら 自分の気持ちに気付こう!!
もしかして‥
?
?
モヤ〜
気持ちに名前をつける
きっと
!
かな?
わかった
大きくなるにつれて
いろいろな気持ちが 感じられるようになってくるよ

くまくんのお話　その5

ネガティヴな感情を上手に表出できない子のためのお話

くまくんと王様の話

できないこと、間違えること、負けることの苦手さを受け入れるために

「絶対にできる」
「絶対に間違えない」
「絶対に負けない」

この心構えでがんばることは、努力や根性を大切にする人にとって大事な思いなのかもしれません。

でも、「できないことはいけないことだ」「間違えることはいけないことだ」「負けることはダメなことだ」という思い込みが強すぎると、失敗を恐れるあまりに、イライラしやすく、キレやすくなってしまいます。

大人でも完璧主義がすぎると、イライラと怒りっぽいことがよくあります。当然、子どもでも完璧主義になってしまうと、小さなことでイライラとキレやすくなることでしょう。

この教材をつくるきっかけになった子は、「負けること」も「間違えること」も「できないこと」も苦手でした。

体育やゲームでは、負けそうになると途中でもやめてしまったり、負けて怒りだしたりしていました。宿題のプリントをお母さんに見直ししてもらい、間違いがあると「言わないで！」と怒り、自分で見つけようとして見つけられずに、合っているものを直して間違えてしまっていました。工作をつくっていて難しくてできないときに、大人が手伝おうとすると「さわらないで！　できるんだから！」と助けを拒否し、結局できずに工作を投げ捨てることもありました。

ですから、この「絶対に負けない」「絶対に間違えない」「絶対にできる」という思い込みを和らげたり、少し自分から切り離したりできるといいなぁと思いました。

この思い込みに似合うキャラクターを考えると、ちょっと傲慢な王様が思い浮かびました。王様がその思い込みを自分から切り離したら、民から信頼される度量の大きな王様になるのではないかと思いました。王様が思い込みを自分から切り離して考えられるように、思い込み（イラショナルビリーフ？）を外在化して「えっへん虫」と名付け、「負けない」「間違えない」「できる」三きょうだいにしました。

くまくんと一緒に、王様に、

「誰だって負けることもあること」

「誰だって間違えること」

「誰だってできないことがあること」を教えてくれる先生も登場させました。

この先生のモデルは、教材をつくるきっかけになった子の担任の先生です。

担任の先生が、「誰だって間違えるんだから」という話を折に触れてしてくださっていました。だから、その子は、教材を一緒に読みながら王様に対して「いいんだよ。間違えたって！　って、先生も言っていたよ」と王様に話しかけていました。

三つの思い込みをすべて「いけないこと」として否定するのではなく、三つの思い込みを外在化して、少し自分から切り離して考えられるようになると、イライラすることも減るのではないかと思いました。

そして
ギャーーー
わたくしは もう テニスは 一生《いっしょう》 しないっっ
ハア ハア
わたくしは まけてな〜〜い
ただの練習だっただけだ〜
王様に くまくんが お話しして あげたよ
ぜったいまけない にひひひ…えっへん虫
おうさま…
ハア〜
大事なことは何？

くまくん と 王様の話
王様は 3つの えっへん虫を もっていました
わたくしは ぜったいに まけな〜い えっへん
わたくしは ぜったいに まちがえない えっへん
わたくしは どんなことでも できるのだー えっへん！
さてさて、この えっへん虫が いると どんなことが おきるでしょう
ぜったい まけない えっへん虫
オレは ぜったいに まけない!! かならず かつ!!

くまくんと 王様の話
その2
さて、2ひきめの虫は…
わたくしは ぜったいに まちがえない えっへん
さてさて、この えっへん虫がいると どんなことが おきるでしょう？
ぜったいに まちがえない えっへん虫
えっへん
おいらは ぜったいに まちがえない!! いつも ただしいこたえをだす！

ある日王様は けらいと テニスをしました
ポーン
えいっっ
あっ
ま… まけた ?? まさか わたくしが… そ、そんなはずは…
あーあ… 虫にやられてる…
どうなりそう？
まけるはずは ない … ぜったいにまけない かならず かっている あなたは ぜったいかつ！

くまくんと 王様の 話
その3
さて 3ひきめの虫は …
わたくしは どんなことでも できるのだ―― えっへん！
さてさて … このえっへん虫がいると どんな ことが おきる でしょう ？
どんな ことでも できる えっへん虫
ぼくは 何でも できるのさ
できない ことなんて 何にも ないのさ
ちょちょいのちょい！
難《むずか》しいことだって がんばればできる
ある日 王様は テスト をがんばりました。
? ? ? ?
ん～～ む～～
わからない～～
ものすごく くるしみながらも あきらめずに 取り組む 様子
そのテストはとても むずかしくて 王様は 四苦八苦して やりとげました。
これほんとうに 王様の？？
でも ……
すごくむずかしいテスト 名まえ 王様 30
30てん？ だめじゃん…
ぶる ぶる ぶる…
ガーン ガーン ガーン
ある日、王様は 動く車の工作をつくりました。
完成図《かんせいず》
うーん うまく くっつかないなぁ…
ポロッ
何度やっても タイヤがうまく くっつかずに…
あっ またとれた.
ポロッ
イライラ イライラ
なんで できないの？ 何でも できるでしょ
こんな タイヤを 持ってきたのは だれじゃ…
くっつかないではないか…
むむむむむ….
うわ～～ん
このテストが まちがって おるのじゃー
わっ わたくしは ぜったいに まちがえない はずであ～る
にひひひ… ぜったいまちがえない えっへん虫
王様に くまくんが お話しして あげたよ
おうさま！！
大事なことは 何？

とうっっ
ムギュ
ぜったいまけない
えっへん虫
つよいのお、
またやろう!!
わあ
王さまって
心がひろい
まけた
ぴゅーん
ぜったいまちがえない
えっへん虫
バシッ
ちょっと
おしえて
くれんかの?
王さまって
りっぱだな〜
ムギュギュ〜〜
何でもできる
えっへん虫
わしにも
むずかしいことが
あるのじゃ
できぬのう…
王様!
みなで考えましょう

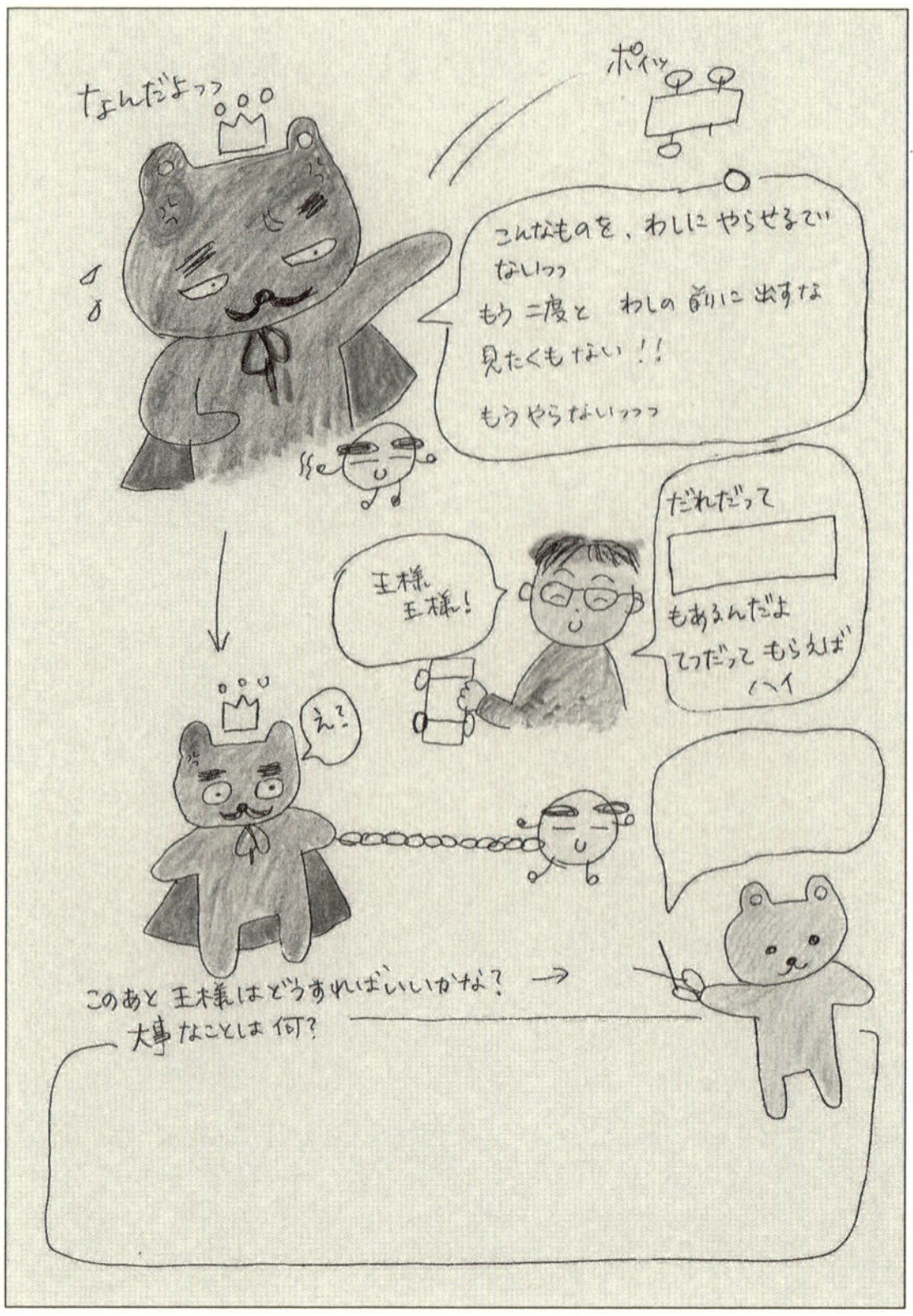
なんだよっっ
ポイッ
こんなものを、わしにやらせるでないっっ
もう二度と　わしの前に出すな
見たくもない!!
もうやらないっっっ
王様
王様!
だれだって
もあるんだよ
てつだってもらえば
ハイ
え?
このあと王様はどうすればいいかな?
大事なことは何?

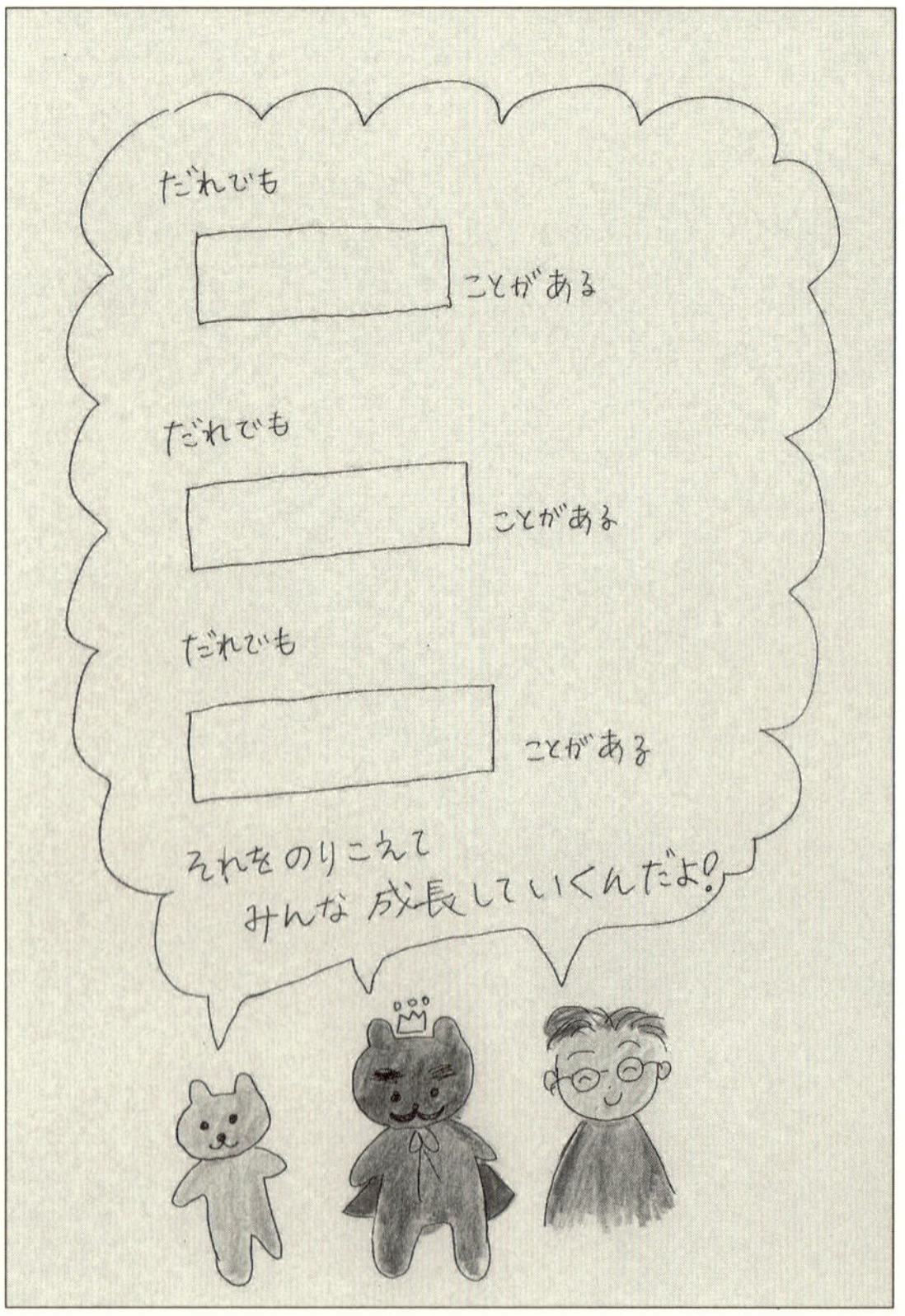
だれでも
ことがある
だれでも
ことがある
だれでも
ことがある
それをのりこえて
みんな成長していくんだよ!

3つのえっへん虫をやっつけると…
ぜったい
まけないえっへん虫
ぜったい
まちがえない
えっへん虫
ぜったい
何でもできる
えっへん虫
えっへん虫を
やっつけると
どんな良いことが
あるでしょう?
先生

くまくんのお話　その6

ネガティヴな感情を上手に表出できない子のためのお話

自分の心をみつめよう！

自分のネガティヴな気持ちに向き合うためのお話

自分の気持ちを見ないようにすることが、すっかりくせになってしまっている子がいます。

こんな言われ方をしたら嫌な気持ちがするのではないか、と思う場面でも、何の反応もなかったり、にやにやしていたりしています。

嫌だった経験やそのときの気持ちを聞いたときに、出来事自体やそのときどうしたかという行動については答えられますが、そのときどんな気持ちだったのかを答えることができません。

嫌だった出来事について、自分ができなかった相手への攻撃的な返し方については想像で話します。

「〜された。だから殴ってやろうと思った」とは言います。

でも、

「〜されて、どんな気持ちだったの？」

「腹が立ったの？　悲しかったの？」

などと聞いても答えられなかったり、涙ぐんでしまって、「もう話したくない」と話し続けることを拒否したりしていました。

自分のネガティヴな気持ちを直視しないようにしてきて、すっかりくせになっているようでした。

そのため、気持ちに向き合うことを迫られると、抑え込んできたネガティヴな気持ちがあふれだしてしまうため、パニックを起こしそうになるのではないかと思われました。

ネガティヴな気持ちを隠すようになった経緯はいろいろあると思います。

成育歴のなかで、ネガティヴな感情を出すと叱られてしまう環境にあったかもしれません。大好きなお母さんがネガティヴな感情を受け入れにくいのを感じとって、自分からネガティヴな感情を封印した場合もあるかもしれません。

特性があり、もともとネガティヴな感情を受け入れにくいところがあったのかもしれません。

原因はともかく、ネガティヴな気持ちも、ポジティヴな気持ちとあわせて大事な感情として両方を理解することが、気持ちのコントロールにつながると思います。

感情の語彙も少ないので、気持ちのネーミングも必要ですが、まずは、自分の気持ちを見ないようにしている自分に気づいてほしいと思いました。

そして、自分のネガティヴな気持ちに向き合う覚悟、自分の感情を知る勇気、感情学習へのモチベーションを持ってくれれば、感情面の理解、感情のコントロールもできるようになるのではないかと思われました。

そこで、自分の気持ちを隠しているとこんなことが起こりがち……という例を描きました。

ここでは、まず、気持ちを隠したり、見えないようにしたりしていても、気持ちは傷ついていて、ほんの少しのことで爆発しがち……ということを見せました。

この教材を通して、まずは、一緒に、自分の気持ちに向き合ってみようという合意をとりたかったのです。

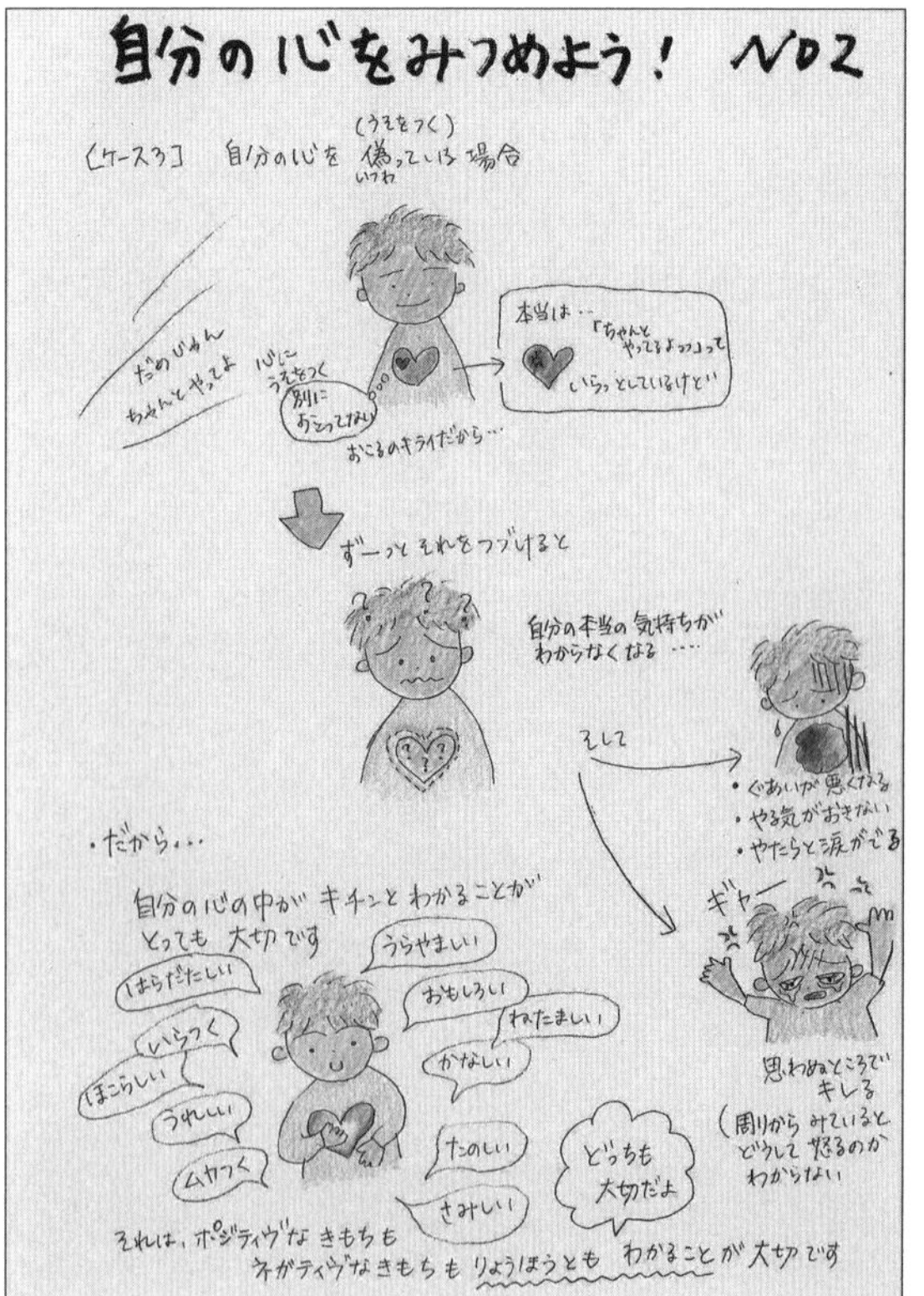

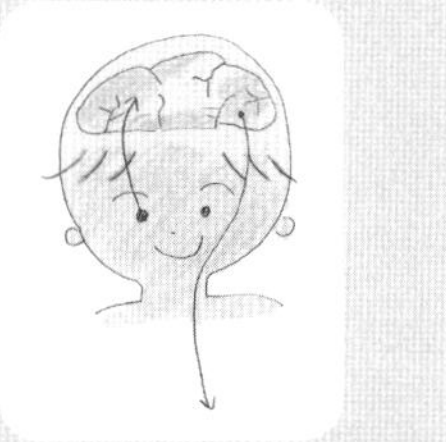

くまくんのお話　その7

ネガティヴな感情を上手に表出できない子のためのお話

おくすりはすこし助けてくれるまほうのアイテム

お薬を飲むのはダメなこと……と感じてしまった子へのお薬の効果の解説

多動性・衝動性の高い子どもが薬を服用し始めるとき、「静かにできないから、お薬を飲むんだよ」という説明になってしまうことがあるようです。

本人としては、一生懸命落ち着いてがんばろうとしているところに、「君にはできないから、このお薬を飲みなさい」と言われているような印象になってしまいます。そして、「ぼくはちゃんとやるから、お薬は飲みたくない……」と拒否することがあるようです。

「薬を飲みたがらないんです」という相談が保護者からあるとき、周囲の話や、不用意な言葉かけから「お薬を飲むのはダメなこと」と感じてしまっているのではないかと思います。

保護者自身が、薬に対しての拒否感があることも多いようです。風邪薬には抵抗がなくても、こと多動性・衝動性への薬と言われると、聞き慣れないこと、周りに服用している他者を知らないことなどから、不安感や理由のない拒否感を持つのだと思います。

そのために、「飲まなきゃダメですか」と医師に尋ねたり、「飲まなくてもちゃんとやれるよね」と本人に暗にプレッシャーをかけてしまったりすることもあるのかもしれません。

保護者が医師に対して質問している声の調子から、子どもが「飲まないほうがよいものだ」と感じていることもあると思われます。

また、飲み始めたあと、落ち着きのないときに周囲の大人が「今日はお薬、飲んだ？」と声をかけてしまったり、「飲んでいるときにはいい子ね」など、本人の努力を無視した言葉を発してしまったりすることがあります。

そうすると、「お薬が偉くて、自分は偉くない」と、相対的に自己肯定感を下げてしまうのだと思います。

こんなに本人ががんばっているのに、それを認めてもらえないことで、薬が嫌いになるのではないでしょうか？　そして、「お薬は飲みたくない」と感じるのではないかと思います。

そこで、薬は他の症状に合わせて出す薬と変わらないこと、症状を軽減してくれるだけであること、したがって、利用することはダメなことではないということを知らせたいと思って、この教材をつくりました。

一般的な症状を和らげる薬として、喘息気味の私の娘が小さいころに処方されていた気管支拡張剤について、医師から説明を受けたことを思い出しながら、比較して説明することにしました。

寝るときに咳がたくさん出るのは、気管支が狭くなっていて空気が通りにくいからです。そこで、気管支を広げれば、息がしやすくなって咳が出にくくなる、というのを、多動衝動性の薬にもあてはめてみました。

どうしても動いてしまうのは、脳の神経（命令を伝えるところ）が狭くなっていて、命令が届きにくいからです。そこで、脳の神経が命令を届けやすいようにすれば、命令が届きやすくなって落ち着くことができる、としました。

脳の話も、薬の効き方の仕組みについても、かなり誇張しているので、学問的には正しくはないと思いますが、そこは、子どもにもわかるような言い方で、と考えました（専門家の先生ごめんなさい）。

しかし、この教材で一番伝えたかったメッセージは、薬はほんの少し助けてくれるアイテムであるだけであって、「がんばっているのは自分だ」ということでした。

落ち着きがないのは、体調のせいであって、本人の努力不足とは何の関係もないということを知ってほしかったのです。

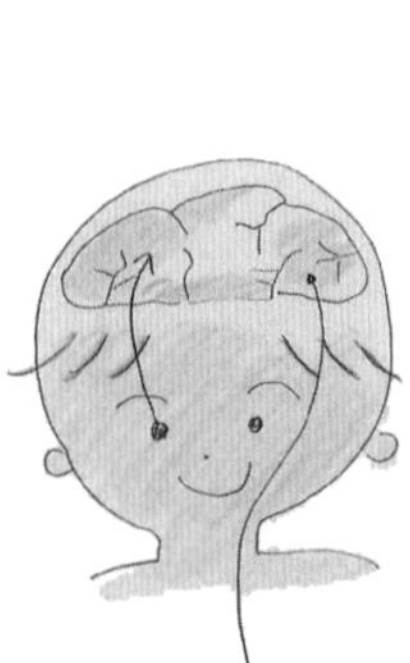

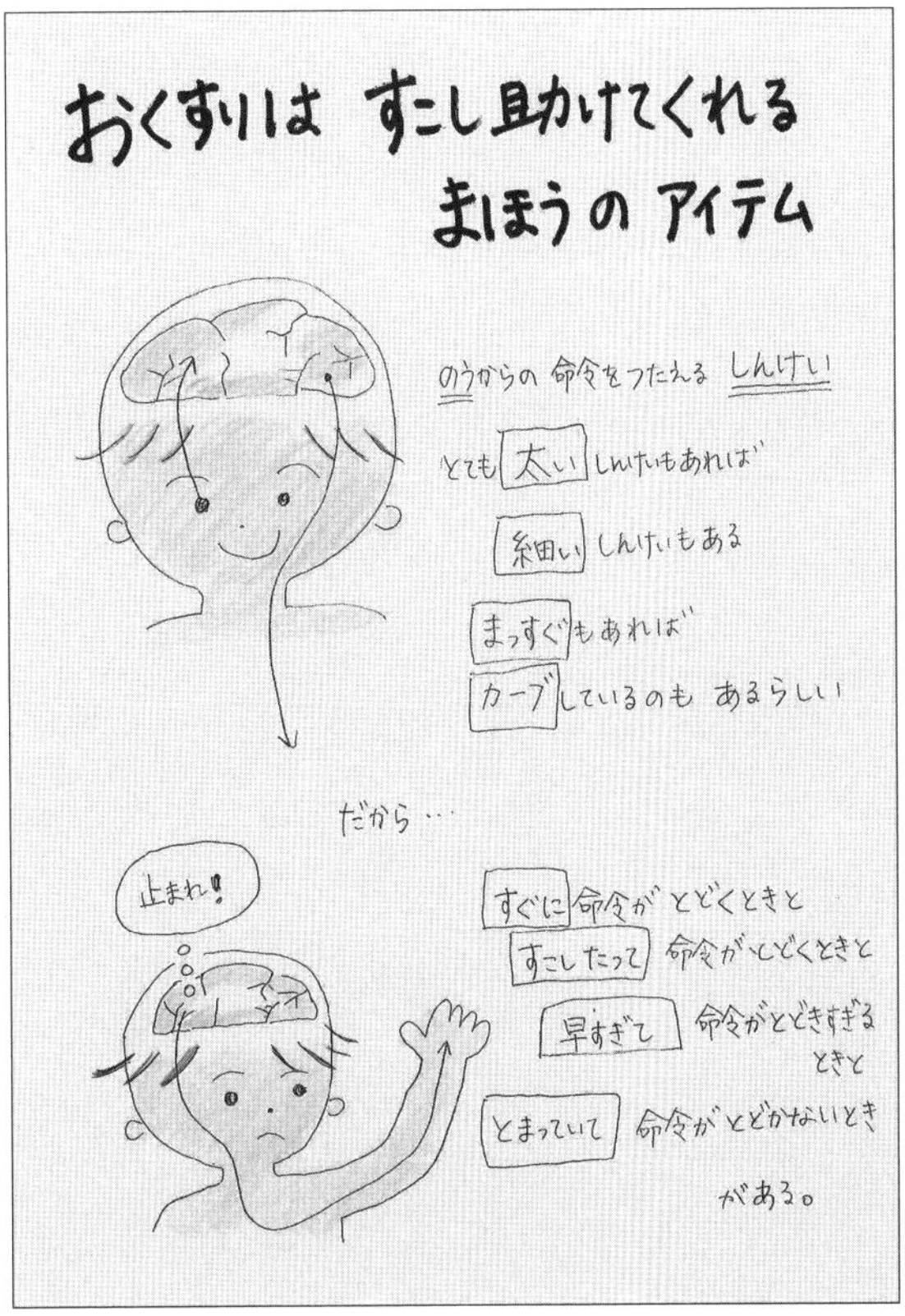
おくすりは すこし助けてくれる
まほうの アイテム
のうからの 命令をつたえる しんけい
とても 太い しんけいもあれば
細い しんけいもある
まっすぐ もあれば
カーブ しているのも あるらしい
だから…
止まれ!
すぐに 命令が とどくときと
すこしたって 命令がとどくときと
早すぎて 命令がとどきすぎる ときと
とまっていて 命令が とどかないとき
がある。

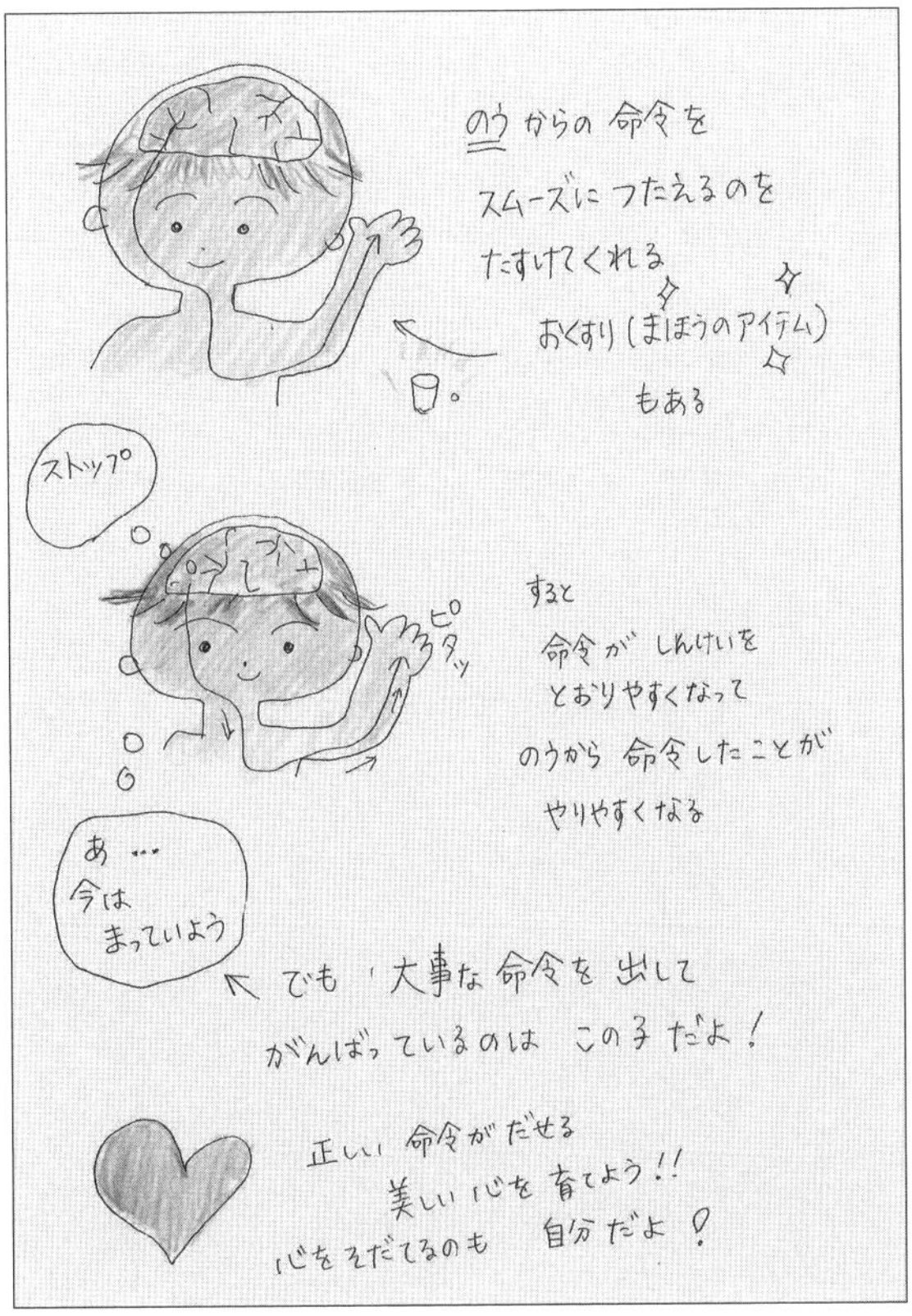
のうからの 命令を
スムーズに つたえるのを
たすけてくれる
おくすり(まほうのアイテム)
もある
ストップ
ピタッ
すると
命令が しんけいを
とおりやすくなって
のうから 命令したことが
やりやすくなる
あ…
今は
まっていよう
でも 大事な命令を 出して
がんばっているのは この子だよ!
正しい 命令が だせる
美しい 心を 育てよう!!
心をそだてるのも 自分だよ!

ところで… ぜんそくのとき…
なぜ せきが 止まらないか?
というと "きかんし"が
ほそくて、うまく 空気
が とおらないから …
コンコン
コンコン
コンコン
きかんし
はい
はい
だから
「きかんしを ひろげるくすり」を
のむんだって!
こきゅうを上手にするの
を すこし 助けてくれる
まほうのアイテム
だね。
すると…
きかんしが 広がって
うまく 空気がとおるように
なる。
すぅ〜
は
は
じょうずに
しんこきゅう
しようっと
でも、じょうずに 息《いき》を すったり はいたりを
がんばっているのは、この子 だよ。

くまくんのお話　その8

ネガティヴな感情を上手に表出できない子のためのお話

くまくんとしろふわちゃん

いろいろな感じ方の違いを自己認知するためのお話

距離感、力の加減など、多くの人が適切と感じている感じが、わかりにくい子がいます。

適切な距離感がわからずに近づきすぎてしまう子、適切な力加減がわからずに、あちこちにぶつかってしまう子など、感じがつかめずにトラブルになることがよくあります。

感じ方はみな同じと思っている人が多いと思いますが、実際にはそれぞれが違った感じ方をしているのだと思います。

多くの人が感じる感じ方、たとえば初対面の人に近づくときは近づきすぎないようにする……ということも、マナーとしては知っていても、その距離はそれぞれ違います。多くの人が感じている距離感がだいたいこのくらいとはすぐにはわからない子もいるのです。

他者に入り込んでほしくない自分の領分（パーソナルスペース）は、それぞれ違います。パーソナルスペースが多くの人と大きく異なっていれば、適切な距離感はわかりにくいものになります。また、力の加減が難しい子もいます。そのため、ぶつかるつもりがなくてもぶつかってしまうことがあります。ぶつかり方が極端なので「わざとぶつかっている」と思われることがあるかもしれませんが、決してわざとではありません。

でも、ぶつかるたびに叱られたり、周囲から不注意だと思われたりすることで、自己肯定感を下げがちです。本当は、力の加減が難しいだけなのですが、力の加減を感じることは脳の働きとしてあるので、目に見えません。

だから、その感じ方の違いを見える形にして理解することで、力の加減から起こるトラブルを否定的にとらえずにすむのではないかと思い、一つめのお話をつくりました。

力の加減がしにくいときのたとえとして、プールから上がったときに体が重くなったり、重いものを持ったあとに軽いものを持つと力を入れていないような頼りなさを感じたりする感覚を使おうと思いました。

この教材は、力の加減ができない子が自己理解するためでもありますが、周囲の人にも、力の加減が難しいときがあることを自分の体験と比較しながら知ってほしいとも思ったのです。

そして、周囲の人に理解されることで、本人も感じ方の違いをより理解し、受け入れられるのではないかと思います。そこで、くまくんとしろふわちゃんの会話として「わかってくれてうれしい‼」という台詞を入れました。

二つめのお話は、触覚（手触り、肌触り、口のなかの感覚）は、人によって好みが違うということを自己理解するためのお話です。

一般的に人が好む手触りは、ふわふわしたものや、さらさらしたものだと思います。一般的に人が好む感触が好きなら、問題にはなりませんが、少し変わった感覚が好きだと、周囲から眉をひそめられることも起きてきます。

口のなかの感覚が好きな子がいて、授業中などにつめを噛んだり、鉛筆を噛んだりすることがあります。

大人でもストレスがかかると口淋しくなって、あめをなめたりガムを噛んだりします。

食べたいわけでもないのに、つい口に入れてしまう……というのは、口のなかの感覚刺激を欲してのことと考えると、子どもが鉛筆を噛むのと似ていると思います。

でも、授業中に鉛筆を噛んでいて鉛筆がぼろぼろになっていたり、唾液でベタベタになっていたりしたら周囲の友だちに嫌がられるため、先生もほうっておけないようです。

そこで、特に噛む感覚を不安なときにこそ欲してしまう状態を、脳の働きとして説明し、似た感覚と比べ、それと同じだと教えようと思いました。

ふわふわした感覚を欲することは理解されやすいけれども、鉛筆を噛んでしまうのはなかなか理解されにくいので、本人もすごくいけないことをしているように感じてしまいます。でも、感覚刺激を求めているだけで、悪いことではないということを知らせたいと思いました。

ふわふわを触っているのと、噛んでいるのとを比べると、鉛筆はぼろぼろになるし、唾液がついて生理的嫌悪感はあるしで、噛むことはどうしても「いけないこと」ととらえられがちです。でも、周囲の人にも、結果的には「いけないこと」かもしれないけれども、その根本は決していけないことではないと理解してあげてほしいと思いました。

理解できたら、壊れてもよい噛むものに変えたり、他者に生理的嫌悪感を感じさせない方法を教えたりという支援につながるのではないかと思いました。

三つめのお話は、落ち着いたりリラックスしたりする感覚は、人それぞれ違うということを伝えた教材です。

大人であれば、音楽を聞くこと、お茶を飲むこと、深呼吸をして呼吸を整えること、好きな匂いを嗅ぐことなど、それぞれ自分に合ったリラックス方法を持っています。

ただし、一般的に人が落ち着く感覚と

は、少し違う感覚を好んだり、通常以上に強く好んだりすると、周囲から理解されにくくなります。

狭くて暗いところが好きで、リラックスできる子がいます。狭くて暗いのが嫌いという人も珍しくないので、なかなか理解されにくい感覚なのだと思います。

ときに、子どもが狭くて暗いところに入り込んでいるときに、その環境がリラックスできる環境だということが理解されているのではなく、「表に出るのが嫌だから隠れている」と思われていることがあります。

そんなとき「隠れていても仕方ないから、出ておいで」とか「大丈夫、怖くないよ。出ておいで」などの言葉かけがされる場合があります。

本当は、なんとかがんばるために、気持ちをリラックスさせるために狭くて暗いところにいたいのに……つまり、逃げていたのではなく自己コントロールのために入っていたので、「隠れていないで」は少しずれた言葉かけなのでしょう。自分のことを「隠れている」と周囲がとらえているとわかると、ますます混乱してしまいます。

つまり、自分のことを理解されていない、狭くて暗いところに入っている自分を周囲が認めていないとわかると、もっと不安になってしまうのです。

周囲の人が、この子が狭くて暗いところが好きということがわかると、「そこで、気持ちが落ち着いたらおいでね」と声をかけることができます。

リラックスできる空間は人によって違います。そこが本人にも周囲にも理解されれば、理解されないことから起こる不安感は解消されるのではないかと思います。

そこで、三つのお話の最後は、「わかってくれてうれしい」という言葉で締めくくっています。

ハッ
ひょっとして…
プールからあがったときって
とっても体がおもいけど….
つかれた
….
あんな感じに脳がすぐについてこられないの？
脳が
まって…
のうみそくん
えいっ
かる〜く
わざとじゃないんだ！でもぶつかってごめんね!!
!!! うんうん
そうなんだ!!
そうなんだ!!
わかってくれてうれしい!!
だれでも力のコントロールがうまくいかないとき
がある!!

くまくんとしろふわちゃん No1
かんじかたのちがい
しろふわちゃんは
いつも　海にすんでいます
でも、ときどき　くまくんに会いに陸にあがってきます
わ〜い！
しろふわちゃ〜ん
くまく〜ん
でも…
しろふわちゃんは陸にあがってくると、ときどきこまったことが….
どんなことだと思う？？

わ〜い
あえてうれしい…
…あっ
わあっっ
げいん!!
しろふわちゃん
いきおいつよすぎだよ
わざとじゃないんだ…
力のコントロールが
とっても むずかしいん
だよ….
なかなか
わかってもらえない…
ごめんね….
いててて…
しろふわちゃんの脳の中
海の中
スイ〜
あまり力がいらない
すごく力がいる
陸の上
えっさほいさ
だからどれくらいの力がいいか
わからなくなる….

ハッ
ひょっとして…
ぼくも さみしくなると つい
もこ もこ
ふわ
ふ〜わ
さわってる!!
ひょっとして ふわふわの 刺激で 安心できるの!?
のうみそくん
ホヤ〜
あ〜
おちつく〜
ふわふわ
いいな〜
ふわふわ
もこもこ
くまくんの ばあい
そう!
その刺激が
しろふわちゃんの
場合は
"かみかみ"
なんだよ
かみかみ
そうなんだ!!
わかってくれて うれしい!!
人それぞれ
好きな、安心できる
感覚刺激は違う!!
ってこと
知ってくれるとうれしい
!!!
うんうん
そうなんだ

くまくんと しろふわちゃん No2
かんじかたの ちがい
しろふわちゃんは
いつも 海で かた〜い こんぶやおさかなを 食べています
もぐもぐ
ハムハム
だから かみかみする力が とっても 強いです
そして… さみしくなると… つい おくちが かみかみ しちゃうので…
おでかけ中…
えんぴつ?
?
ママに
会いたいな…
ガジガジ
ボロボロ
よだれ
ベタベタ
くまくんは どんなきもち?

しろふわちゃん!!
きたないよ!!
やめてよっ!
えっ
!
パリーン!
え〜
どうして…
そして…
くちゃ
くちゃ
もぐ
もぐ
だってみえたら
きたないし…
でも
かまずにいられ
ない…!
くちの中
けしごむ
しろふわちゃんの 脳の中
かみかみ 刺激《しげき》なし
かみかみの 刺激《しげき》あり
こうなってるんだ!!
のうみそくん
かみかみ
不安
安心
かみかみ
コンブ
心配になればなるほど かみかみの 刺激が ほしくなる…

リラックスして きんちょうを ほぐして いたんだよ
うんうん
あ… そういえば…
ひょっとして…
ひゃっほ〜
屋上きもちいい〜
あ〜あかるい〜
気分スッキリー
見通しいい〜
っていうのと
逆なのかも！
そうそう！ どこがリラックスできる場所かは 人によって違うんだよ！
ううん‥ だいじょうぶ
ごめん しろふわちゃん
リラックスできたら いっしょに 発表会に 出ようね
そうなんだ！
わかってくれてうれしい
リラックスできる 広さや明るさは 人によってちがう
ってこと
知ってくれるとうれしい

くまくん と しろふわちゃん No3
かんじかたのちがい
しろふわちゃんは 夜は岩と岩の間の くらくて せまいところ で 休みます
ぐーぐー
ぐーぐー
この、 くらくて せまいところが リラックスできる 場所なんです…
だから… 今日は発表会！ という日になると…
そろそろ 出番だよ
あ〜〜 きんちょうする〜
しろふわちゃんは 何をしているの？

おいっっ 何でそんなところに 入ってるんだよっっ
ムムム…
あっ…くまたくん… それは…
ハラ ハラ
もうムリだ〜 もうだめだ〜
ぎゃぴー
え？
あーいっちゃった…
だっ…… てこてこてこ
しろふわちゃんの 脳の中
解説しよう！
のうみそくん
せまい・くらい は リラックス空間
＝
リラックス
リラックス

くまくんのお話　その9

ネガティヴな感情を上手に表出できない子のためのお話

感じ方のちがいで……

特に不安なとき、極端な感じ方をしてしまう場合があることを自己認知するためのお話

人は不安なとき、実力が発揮できないことがあります。「できるかな？　どうかな？」と不安を感じていると、どきどきしてうまくできません。

不安になる状況は人それぞれで、小さなことで不安になりやすい人もいれば、ほとんど不安になることはない人もいます。あまり見かけないくらい不安になりやすさが強い……という人もいます。

子どものなかにも、他の子はそれほど不安にならない状況でも不安を感じやすいという子がいます。その子はとても不安なのに、周囲の人の感覚だと「そんなに不安になるはずのない状況だ」と思われてしまい、その子の不安感に気づくことができません。

不安から固まってしまったり、行動が極端に激しくなってしまったりと、出方はそれぞれです。でも、どのくらい不安になっているのかは脳の働きなので見えません。その行動の裏に不安感があることを知ってほしいと考え、この教材をつくりました。固まってしまう子はよくいるので、より理解されにくい出方として、行動が極端に激しくなってしまうことを取り上げました。

不安なときに、ちょっとしたことで大げさな反応をしてしまう子がいて、周囲の気を引くための行動だと思われていました。でも、その子にしてみれば、不安な状況下で予測不能なことが起きて過剰に反応してしまっていただけのことのようでした。

そこで、初めての出来事に不安を感じているなか、さらに予測不可能なことが起きるとかなり大げさな態度になってしまうことを脳の信号が赤信号のときに起こりやすい現象として説明しました。

一般的にわかりやすい例として、怖い話をしているとき（怖いから信号は赤信号）、予測不能なタイミングで大きな音をたてられると、普段はそんなにびっくりしない音でも、かなりびっくりしてしまうという状況と比較してほしいと思いました。

感じ方の違いはあっても、自分の経験

と少し似ているところが見出せれば、支援の必要な子への理解につながると思い、本人だけでなく周囲の人たちにも見てほしい教材になりました。

二つめのお話は、聴覚過敏があって、音の感じ方が他者とは少し違う子が他者との違いを自己理解するためにつくりました。

同じ音でも状況によっては、脳が違う大きさの音として受け取っていることが視覚的に見えるようにしました。音の大きさをイナズマで表現して、もとは同じ音でも、脳では違う大きさとして受け取っていることを描きました。

好きな音、嫌いな音も人それぞれで、大きな音ですっきりする人もいれば、静かなところが落ち着く人もいることを知って、多くの人とは違う感覚であることが、いけないことではないことを知ってほしいと考えました。この教材も、本人だけでなく周囲の人たちに支援の必要な子の感じ方を、自分の体験と比べて理解してほしいと思ってつくりました。

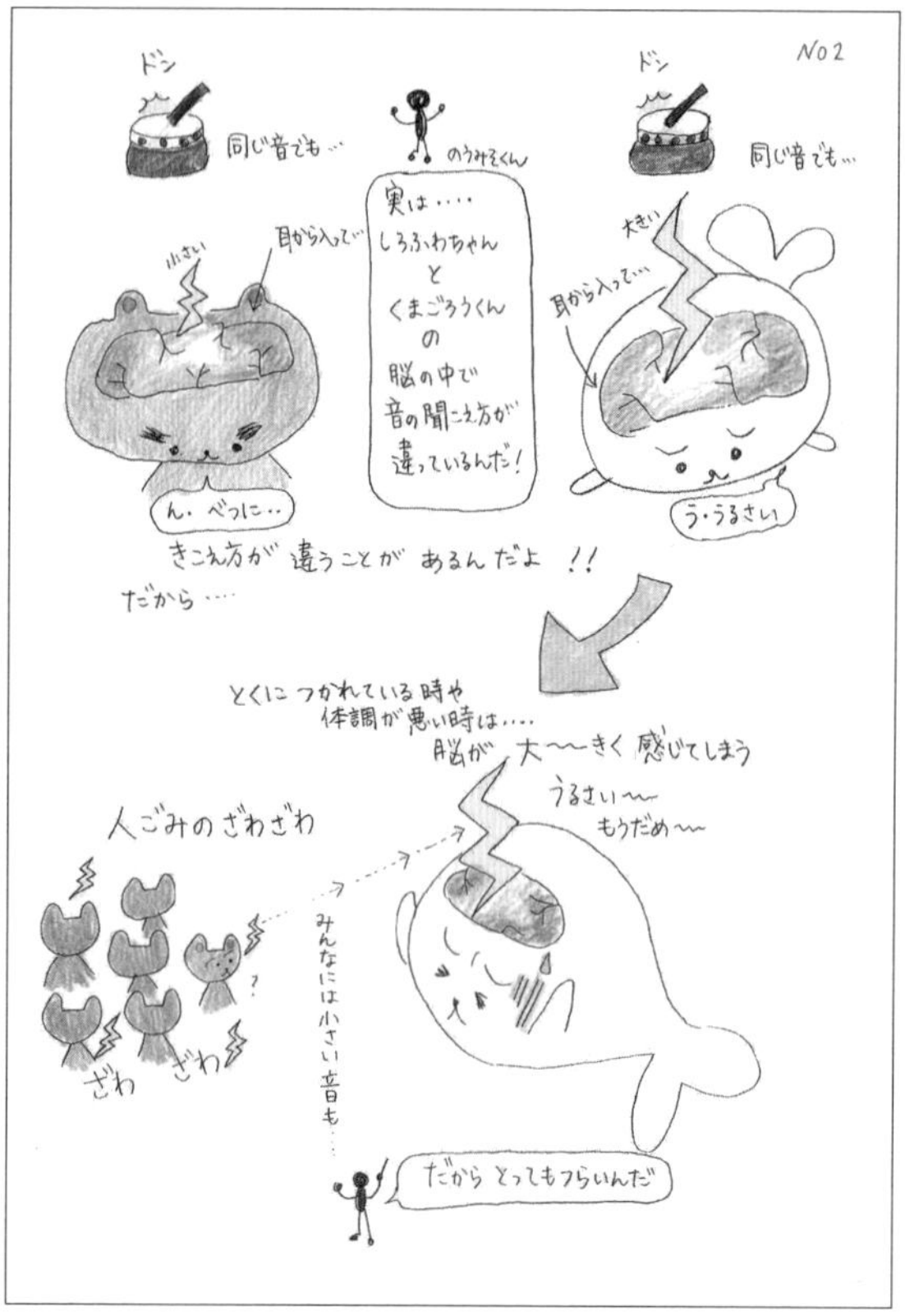
NO2
ドン
同じ音でも…
のうみそくん
ドン
同じ音でも…
実は…
しろふわちゃん
と
くまごろうくん
の
脳の中で
音の聞こえ方が
違っているんだ!
小さい
耳から入って…
大きい
耳から入って…
ん、べつに…
う・うるさい
きこえ方が違うことがあるんだよ!!
だから….
とくにつかれている時や
体調が悪い時は….
脳が大〜〜きく感じてしまう
うるさい〜
もうだめ〜〜
人ごみのざわざわ
みんなには小さい音も…
ざわ ざわ
だからとってもつらいんだ

NO3
ハァ〜
どきどきした〜
なんだよ!
大げさだな…
びっくりさせるなよ
脳の信号が赤になりやすい人とそうでない人がいるんだよ! 赤しんごうのときはほんの小さなことでびっくりしちゃうんだ
へえ〜
うんうん
こわいはなしをしているときにガタン!と音がするとびっくりするでしょ!?

NO3
そうか! ぼくはしずかすぎるといらっとするかも…
たしかに ぼくは海の音すきだ ざざ〜
うんうん
ピアノの音
好きな音楽をきいて苦手な音をやりすごすこともできる
ふう〜 おちつく
好きな音も苦手な音もみんなそれぞれ違うから「うるさい」と思う音の大きさも「この音やめて〜〜」と思う音もそれぞれなんだよ! 脳がビビビと反応するところがちがうんだね
ぼくはヘビメタロック大好き ギャギャギャ〜〜ン
ぼくはこくばんのキィ〜〜は苦手
こういう人は多いね
ぼくは大きな音は苦手だけどピアノはすき
ビビビ

感じ方のちがいで…その2 NO1
大きな音って好き? 嫌い?
ぼくは大きい音大好き
かみなりなんてわくわくするんだ
ドドーン
へえ〜 ぼくはきらいだな〜
へえ〜
しろふわちゃんは大きい音苦手だよね
うん… このあいだの太鼓のコンサート音が大きすぎてつらかった。
ドコドコドンドン!
う〜 うるさい〜
へえ〜
?
どうしてかな?

くまくんのお話　その10

ネガティヴな感情を上手に表出できない子のためのお話

つばをはくことって？

生理的に受けつけない……という感覚を教えるお話

友だちに暴力をふるうことは、相手にダメージを与えている意味で悪いことです。それは、はっきりとしていてわかりやすい行動です。

「善悪がなかなか判断できない」と、言われている子も、はっきりと「いけないこと」とわかるものは、理解しやすいと思います。

でも、「つばを吐くこと」は、悪いこととしては認識しづらいのか、なかなかやめられない子がいます。

口腔内の感覚としてつばがたまりやすくて、それを上手に処理する方法がわからないために、つばを周りの人から見える場所に吐いているということもあると思います。

でも、つばがかかっても怪我はしないし、「汚い」という感覚がわからなければ、そんなに「悪い行為」としては認識しづらいのだと思います。

「生理的に受けつけない」という感覚は、みんながあえて言葉にして伝えないけれども、「当然みんなわかるでしょ？」というスタンスで、多くの人に受け入れられている感覚なのだと思います。

だから、つばを吐いた子に向ける「やめてよ！」という言葉の意味を多くの人は、すぐに正確に把握します。でも、「生理的に受けつけない」感覚がわからない子にとって、どうしてそんなに大げさな反応をするのかが、理解できていないのかもしれません。

当然、その子にも「生理的に受けつけない」という感覚はあるのだと思います。でも、生理的に受けつけないものが、他の多くの人の感じるものとはずれているため、多くの人が一般的に「生理的嫌悪感」を感じるものがわからないのだと思います。

さらに、生理的嫌悪感を引き起こす行為をすると、周りから蔑まれてしまい、暴力をふるうよりも本人への評価は下がります。

実際、暴力をふるう子は暴力を我慢しているとほめられるし、暴力をふるわれたら困るので周囲もそんなに刺激しないでしょう。何か怒らせたから……と、本人を刺激して怒らせないように配慮されます。

でも、つばを吐く子は、つばを吐かずに我慢しても偉いとはほめられず、「汚い」とバカにされたり、からかわれたりしてしまうことが多いように思います。暴力をふるうよりも本人へのダメージが多く、損する行動かもしれません。

そこで、まず、生理的嫌悪感という感覚と、多くの人が生理的嫌悪感を感じるものごとを教えて、本人と感覚がずれていることを教えようと思いました。

そして、生理的に受けつけない行為をすると、自分に不利な待遇を受けやすいことを知らせようと考えました。

この教材では、「だから君は悪い」という思いにならないように気をつけて話しました。

一般的にそうだから、「君が損することが多くて大変なんだ」と知らせるように配慮しました。

そして、損しないように、人前で「つばを吐くこと」はしないようにするなど、他者の生理的嫌悪感を刺激しない工夫をしていこうというきっかけにしたいと思いました。

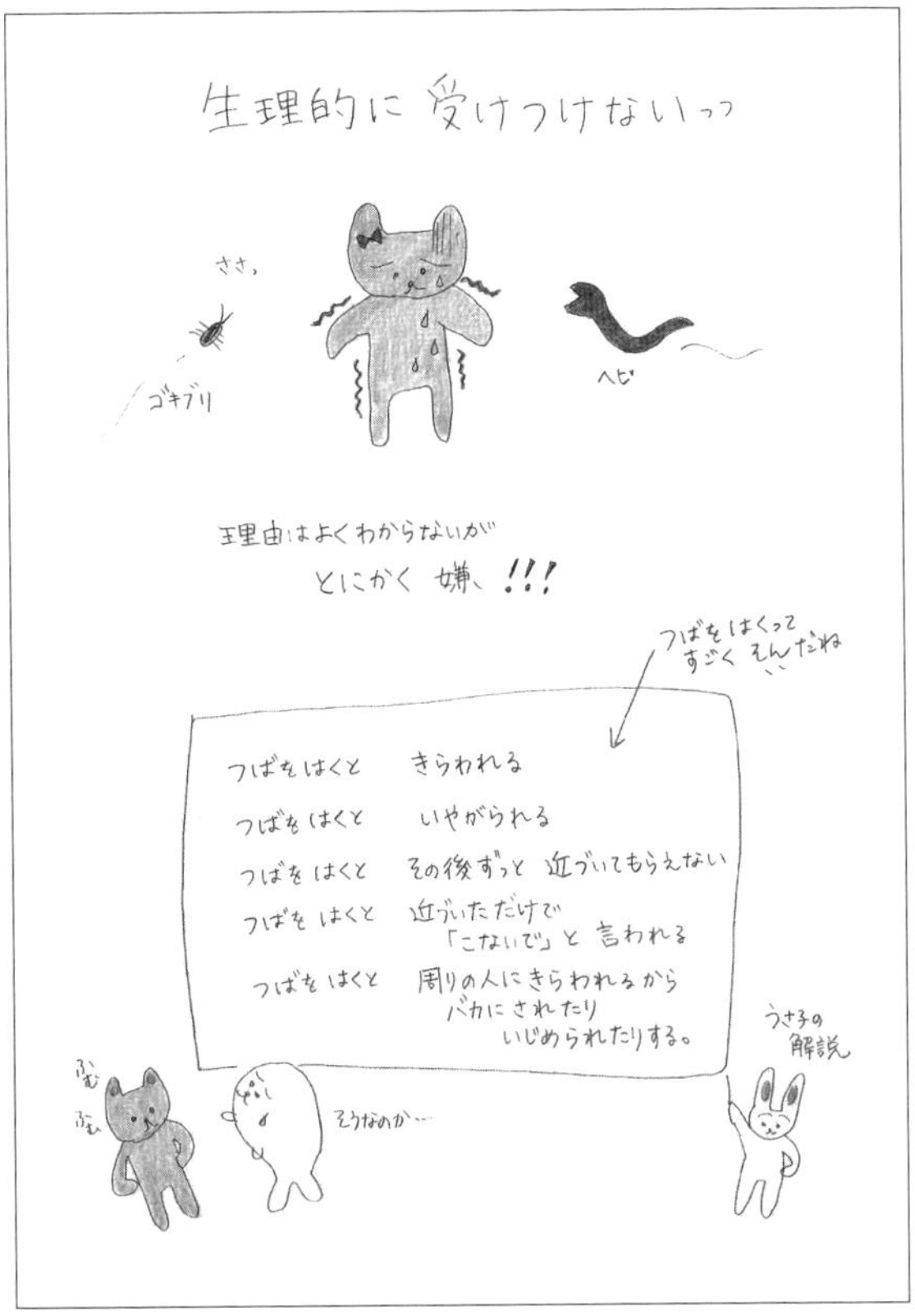
生理的に受けつけないっっ
ささ、
ゴキブリ
ヘビ
理由はよくわからないが
とにかく嫌、!!!
つばをはくって すごく そんだね
つばをはくと きらわれる
つばをはくと いやがられる
つばをはくと その後ずっと 近づいてもらえない
つばをはくと 近づいただけで 「こないで」と 言われる
つばをはくと 周りの人にきらわれるから バカにされたり いじめられたりする。
うさ子の解説
ふむふむ
そうなのか…

つばをはくことって？
しろふわちゃんは おともだちを たたいたり けったり しないは
とうっ
べしん、
ぼうりょくをふるうと きらわれる
ぼうりょくをふるうと おそれられる
ぼうりょくをふるうと 人からさけられる
みんなが きみから はなれていくよ
うさ子の解説

つばをはくのは 暴力？ 暴力じゃない？
かみかみしたおりがみ
つば
ぺっ
ぺちゃ
ポイッ
かじったえんぴつ
つば
しろふわちゃんは ときどき つばをはいたり
かみかみして つばのついているものを なげたりしてしまう …
きたないなあ みんな いやがってるのに…
らんぼうではないけど みんなに きらわれそう……
うわっ きたない
ぞぞ～
はぁ～ 何であんなこと するんだろう ヘンな しろふわちゃん
うわ～ キライキライ キライキライ キライ… ……
理解できない 理解しにくい
生理的に 受けつけない

【執筆者紹介】

髙橋　あつ子（たかはし　あつこ）

早稲田大学大学院教職研究科准教授

川崎市立小学校教諭として、重度重複障害児学級、障害児学級、通常の学級を担任。その後、川崎市立総合教育センターで、教育相談、特別支援教育システム構築に携わり、川崎市立小学校教頭を経て現職。現在、学校心理士、臨床心理士、特別支援教育士スーパーバイザーとして、幼稚園から高校まで、巡回相談、校内研修などでかかわっている。

＊本書では、前半部分を担当。

〈おもな著書〉

『LD・ADHDなどの子どもへの場面別サポートガイド』（編著）ほんの森出版、2004年

『LD・ADHDなどの子どもへのアセスメント＆サポートガイド』（共著）ほんの森出版、2007年

『一から始める特別支援教育「校内研修」ハンドブック』（著）明治図書、2007年

『イラスト版 自閉症のともだちを理解する本』（編著）合同出版、2010年

『特別支援 その子に合ったサブルート探し』（編著）ほんの森出版、2012年

石橋　瑞穂（いしばし　みずほ）

神奈川県川崎市立御幸小学校教諭（通級指導教室）

通常の学級担任18年、通級担当者になって４年目。それぞれの子どもに合った支援を模索中。研修が大好き。学んだことをどう実践していくか、日々修行。

＊本書では後半の「くまくんのお話」を執筆。

〈おもな著書〉

『気になる子と関わるカウンセリング（チャートでわかるカウンセリング・テクニックで高める「教師力」２）』（分担執筆）ぎょうせい、2011年

『児童心理』「学校と子どもを活かすブリーフセラピー」（分担執筆）2012年２月号臨時増刊

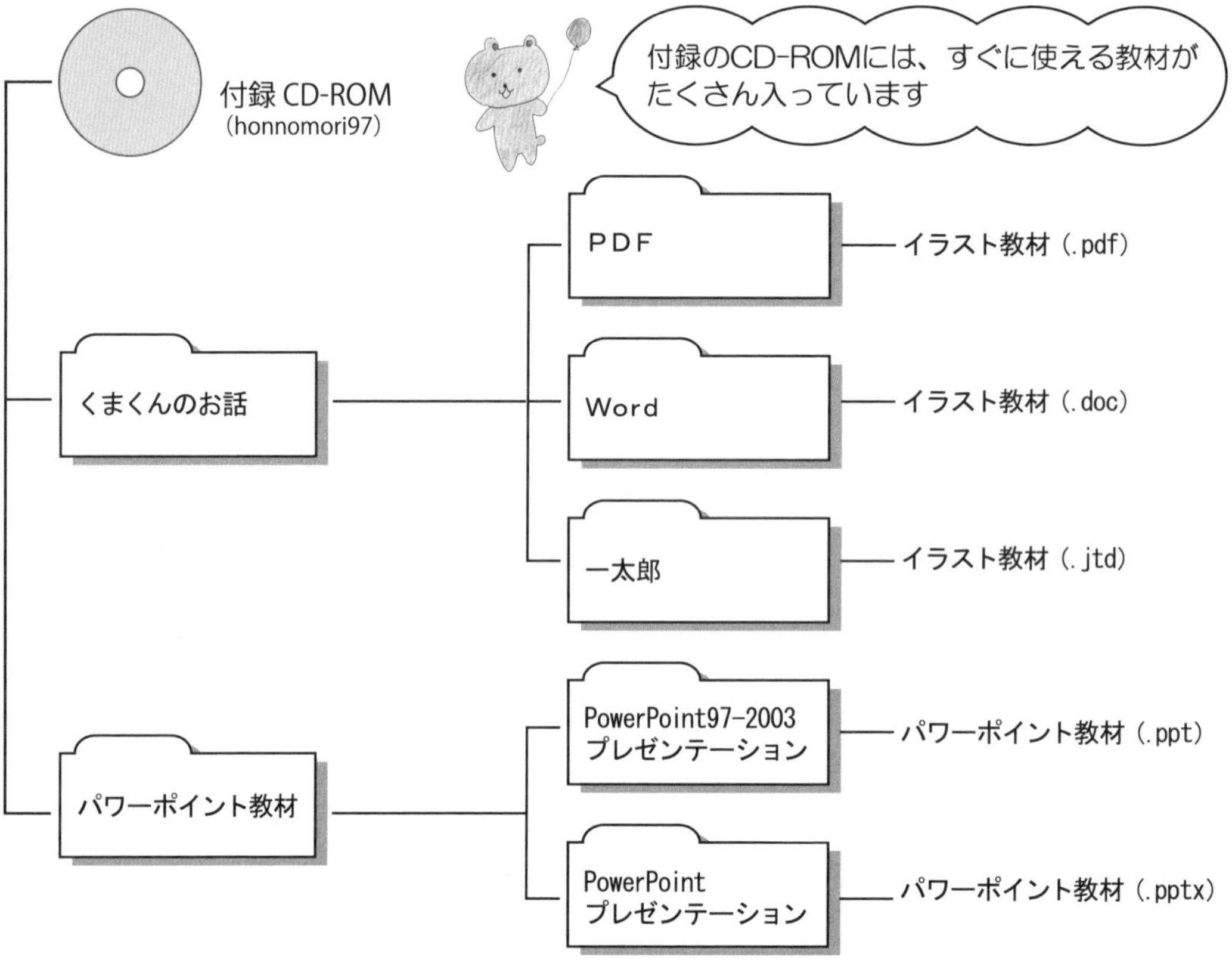

① CD-ROMをセットしたあと、「自動再生」のメニューが出た場合は、下方の「フォルダを開いてファイルを表示」をクリックし、上記の図を参考に目的のファイルを開いてください。
②「自動再生」のメニューが出ない場合は、スタートボタン→コンピューター→honnomori97という名前のついたドライブをクリック、目的のファイルを開いてください。

発達に偏りのある子のトラブルを減らす　**自己理解イラスト教材**
CD-ROM付き　「くまくんのお話」から学ぼう！　自分の気持ちや感じ方

2015年1月20日　第1版　発行

著　者　髙橋あつ子・石橋瑞穂
発行者　小林敏史
発行所　ほんの森出版株式会社
〒145-0062　東京都大田区北千束 3-16-11
Tel 03-5754-3346　Fax 03-5918-8146
http://www.honnomori.co.jp

印刷・製本所　研友社印刷株式会社

ISBN978-4-938874-97-1　C3037